<公式>

ダウントン・アビー
アフタヌーンティーレシピ
TEA

翻訳：上川典子　　監修：村上リコ

序文：ギャレス・ニーム

ホビージャパン

"THERE'S NEVER A DULL MOMENT IN THIS HOUSE"

「この屋敷では
退屈する
暇もないわね」

目 次

ミセス・パットモア：お茶を持ってきたよ。
あとで食べてもらう軽食も。
メイソン：あなたは天使だな。

〜シーズン６・エピソード５

序 文

　アフタヌーンティーほどイギリスらしい習慣はないでしょう。決まったマナー、優美な磁器、サンドイッチにケーキ、そのすべてにイギリスの誇れる最上のものが凝縮されています。

　アフタヌーンティーのシーンは『ダウントン・アビー』でもたびたびクローズアップしていますし、そこには常に当時の流行の最高峰といえるものが映し出されています。ダウントンのころ、「ティー」という言葉にはすでに長い歴史があり、お茶を飲む多種多様な場面をひとくくりに表すものとして使われていました。焼き菓子とともに楽しむ自宅でのささやかな一杯もティーなら、駅の喫茶室で出されるポット入りのお茶と温かいスコーンもティーですし、広大な邸宅の庭で大々的に開催されるティーパーティーを指す場合もあります。

　『ダウントン・アビー』をご覧になれば、階上（アップステアーズ）と階下（ダウンステアーズ）双方における「ティー」を覗き見ることができます。使用人のティータイムは、屋敷が落ち着きに包まれる貴重なひと時です。階上のお茶と軽食のセットさえすませれば、あとは一家の面々に任せておけるので、使用人たちはこの時間を利用して、パンやケーキとともにお茶を飲みながら、繕い物、ボタン付けなどの雑用を片付けます。下僕が新聞を読むシーンもありますね。読書にふける人、カードゲームに興じる人も見られます。

　先代伯爵夫人であるバイオレットにとってのアフタヌーンティーは、年の功からの助言をしたり、家族や村の問題に口を出したりする場でした。シーズン3のエピソード7ではイーディスをお茶に招き、『スケッチ』誌のコラムニストなど断って、もっと淑女にふさわしいことを探すよう説得を試みます。奉仕活動や水彩画はどうかと提案しますが、イーディスは耳を傾けたあとお茶を一口すすり、とにかくこの話は受けるつもりだとバイオレットに伝えました。

　イーディスはこのとき、由緒ある家柄の女性という社会的な縛りから脱しようとしています。彼女は来たるべき新時代の象徴なのです。女性がより大きな自由と、さらには投票権も手に入れようとする時代。コルセットのみならず、コルセットに代表される一切合切がついに過去のものとなる時代を表しているのです。

　この小さな本には、ビスケット、スコーン、ケーキ、タルト、セイボリーバイツ（塩気のある軽食）、ジャムなど、『ダウントン・アビー』時代のティーテーブルを彩り、今なお喜ばれている品々のレシピが満載です。また、当時人気だったエチケットブックさながらに、もてなす際に知っておくべきことも余さず記されています。どうぞご参考になさって、すてきな正統派アフタヌーンティーをお楽しみください。

ギャレス・ニーム

『ダウントン・アビー』製作総指揮｜2020年 ロンドンにて

はじめに

　1662年、ポルトガルのキャサリン・オブ・ブラガンザがイギリスのチャールズ2世のもとに嫁ぐにあたり、数々の嫁入り道具とともに茶箱を持ってきました。このことがイギリス人の飲み物文化を永遠に変えたと言い伝えられていますし、それから350年余りの間、この伝説は繰り返し人の口にのぼってきました。このエキゾチックな飲み物が宮廷や上流社会に広がったのは、「王妃の茶箱」の逸話がマーケティングツールとして働いたからなのです。抒情詩人でもあった政治家エドマンド・ウォーラーも1663年、キャサリン王妃の功績を讃えて『Of Tea, Commended by Her Majesty（お茶のこと、王妃よりすすめられて）』という詩を書いています。しかし、お茶自体は17世紀に中国との貿易によってヨーロッパにもたらされたものであって、イギリスでもキャサリン王妃が嫁いでくる前から入手可能でした。ポルトガル王室がほかに先駆けてお茶文化を取り入れ、ヨーロッパ浸透の起点となったということです。

　キャサリン妃の輿入れの10年ほど前には、イギリス初のコーヒーハウスがロンドンに開店し、またたく間に各地に広がっていきました。ただし、利用できるのは男性だけです。そのような中、ロンドンのエクスチェンジ・アレーに建つコーヒーハウスのオーナー、トーマス・ギャラウェイが1657年に初めて茶葉の販売と喫茶サービスの提供を開始したと言われています。彼はこの新しい飲み物を紹介する小冊子も用意し、中国から来たものであることや医学的な効能、茶葉だけでなくそれを楽しむための高価な輸入磁器も買える「一流の人々」の間でブームになっていることなどを詳細に伝えました。熱湯を入れても割れないイギリス製磁器ティーポットの製造に成功するのは、それから100年近くあとの話です。そのころには、お茶は一般の人々も楽しめるものとなっていました。

●女性の権力の鍵

　家庭内でのお茶は、誰でも飲めて健康に良いものだという位置づけでした。鼻風邪や熱などの体調不良に効くとされ、ほかの医薬品と同様、切らさないよう管理するのが女主人の務めでした。男性しか利用できないコーヒーハウスや、男女が入り交じって茶を楽しむというスキャンダラスな行為に興じたロンドンのプレジャーガーデン（ティーハウスのある娯楽用の庭園。演奏会やダンスパーティーなども催された）のことを考えると、実に対照的な扱いです。

　一家の茶入れには鍵がかけられ、その鍵は女主人が握っていました。当時の絵画を見れば、茶入れは例外なく堂々たる女性のそばに描かれており、屋敷の女主人の役割がわかります。女主人がお茶を管理するというこの状況は長く続き、19世紀になってようやく家政婦長に譲られました。

　18世紀の女性は互いの家を訪ねあい、お茶を飲みながら会話を楽しみました。それ以前は社交の自由を持たず、孤独に過ごすことも少なくなかった女性たちが、ノンアルコールで安心な飲み物の登場により、集まっておしゃべりする機会を持てるようになったのです。

　ロンドン初の茶の専門店は、1700年代初頭にトーマス・トワイニングが始めた店だとされています。創業当初は男性限定でしたが女性を裏口に乗りつけ、使用人にこっそりお茶を買ってこさせました。ストランド216番地に建つその店は、今も変わらず営業を続けています。トワイニング家は以降、イギリスが紅茶大国となるのに大きな役割を果たすことになります。トーマスの孫であり、茶交易を取り仕切っていたリチャード・トワイニングは、時の首相ウィリアム・ピットに働きかけ、茶葉にかける関税を下げさせました。税を下げても、それ以上の収入増が見込まれると説き伏せたと言われています。また、そうなればイ

ンチキや密輸で儲けを出すことはできませんから、スピノサスモモ（スロー）などの葉を使ったかさ増し行為もなくなると踏んでのことでした。実際、トワイニングらの尽力により1784年に減税法が成立し、119%だった税率が12.5%に下がると、お茶は広く万人の手に届くものとなり、密輸品も粗悪品も割に合わなくなって、姿を消しました。ちなみに、この法の成立ではイギリス東インド会社も増益という蜜を手にしましたが、トワイニングはその取締役の座にありました。

●ティーミーティング

19世紀に盛りあがりを見せた禁酒運動では、ビールの代わりにお茶を飲むことが熱心に推奨され、女性たちは大がかりな「ティーミーティング」の企画・運営を手がけました。そもそもは資金集めを目的とするものでしたが、力関係を示す場となるのに時間はかかりませんでした。アーサー・リードは1884年に出版した『Tea and Tea Drinking（お茶と喫茶）』の中で、「もっとも豪華で優雅なテーブルを担当できるのは誰か、レディーたちは火花を散らし」ていたと書いています。お茶とおいしそうに並んだ「シンギングヒニー（パンケーキの一種）、ホットウィッグ（小さな菓子パン）、スパイスローフ」のために600〜1200人もが集まった例も挙げられています。

●家庭でのお茶

アフタヌーンティーは1842年にベッドフォード公爵夫人が考案したものだと言われています。午後の「虚脱感」への対処法として、ポットに入れた紅茶とともに軽食（小さなケーキ、かわいらしいサンドイッチなど）を求めた初めての人物というわけです。けれども真相は、イギリスにおける食習慣の変化がアフタヌーンティーを生んだというところでしょう。18世紀半ばまでは今のランチの時間に昼餐（ディナー）をとり、その後、遅い時間にごく軽い夕食（サパー）をとっていました。やがてディナーが午後遅くへと移りだしたことで、訪問先でお茶とともにバターつきパンをいただくのが、18世紀のうちにお約束のようになったのです。19世紀末にはディナーは日没後にまでずれ込んで、裕福な人々が着飾って臨む場となっていました。

ヴィクトリア朝からエドワード朝時代の「ティー」は、複数のものを指していました。まず「ローティー」。のちのアフタヌーンティーのことですが、ダイニングテーブルを使わずに、背の低いローテーブルにお茶と軽食（ケーキ、パン、パイ、サンドイッチなど）を並べたことから、そのように呼ばれました。逆に「ハイティー」と呼ばれるものもあります。アフタヌーンティーと混同されることが多いのですが、こちらは労働者階級の人々にとってのディナーを指しました。ミートパイのようなセイボリー、パン、チーズなどをたっぷりとる食事です。

「ヴィレッジ・アフタヌーンティー」という習慣も確立していました。上流階級の女性たちが細部まで段取りをつけ、貧しい人々のために開くお茶会です。ヴィクトリア女王の即位50周年を祝う1887年（ゴールデンジュビリー）、60周年を祝う1897年（ダイヤモンドジュビリー）など、多くは王室の祝いごとに合わせて催されました。慈善活動に携わりたい女性たちの欲求を満たすと同時に、持てる者も持たざる者も、誰もが君主と国に対する忠誠心を表現できる場でもあったのです。21世紀になった今も厳格な階級の枠組みを外した形で続いており、エリザベス女王の即位50周年のほか、25周年（シルバージュビリー）、65周年（サファイアジュビリー）にも大規模な屋外ティーパーティーが開催されました。

数ある「ティー」の中でもとりわけ華やかなのが、広大な所領の領主が開くアフタヌーンティーパーティーです。ダウントン・アビー恒例のクリケット大会のようなスポーツイベント、資金集めのためのチャリティーイベント、婚約のお披露目パーティーなど、さまざまな機会をとらえて凝ったお茶会が催されました。『ダウントン・アビー』シーズン1のエピソード7では、地元の病院を支援する目的でガーデンパーティーが開かれ、サンドイッチの銀トレイを掲げる下僕がゲストの間を回る一方、マーキーと呼ばれる白い大きなテントに設えられたテーブルには、ヴィクトリアスポンジ、ジンジャーケーキ、ローフケーキといった甘い菓子がのっていました。

●商用ティールーム

ティーミーティングやヴィレッジ・アフタヌーンティーもその一例ですが、それまでは家の中だけのものだったティーは次第に外へ、公共の場へと移行していき、駅の食堂やホテルのレストランのほか、1860年代には商用のティールームでも楽しまれるようになります。「Aerated Bread Company〈エアレイティッド・ブレッド・カンパニー〉」が駅に初めて「ABC〈エイビーシー〉」というティーショップを開いたのは1864年のことでした。それが『ダウントン・アビー』の時代、すなわち1920年代には、250店舗も展開する大企業となっています。シーズン3のエ

コーラ：女性の権利は家庭から？
そうね、わたしも賛成よ。

~シーズン 1・エピソード 4

ピソード8に登場するような、メアリーとマシューが訪れるにふさわしい立派な店もありましたが、多くは中流以下がターゲットであり、上流階級の世界の真似事でした。紳士淑女のように着飾り、これぞイギリスのアフタヌーンティーという雰囲気に浸れるひと時を提供したのです。

　女性客が圧倒的に多かったティールームは、自然な流れのうちに女性参政権運動の活動家（サフラジェット）の拠点となります。男性抜きで集まり、闘いの戦略を練るわけです。シーズン6のエピソード5で雑誌の編集に携わるイーディスが「Victorian babies grown up into modern women（ヴィクトリア朝生まれの現代女性、その歩み）」という特集を考えますが、女性が動きだしたこの時代を見事に表したテーマだと言えるでしょう。

●コルセットとティーガウン

　20世紀初頭にいたるまで、女性は窮屈なコルセットに身体を押し込んで人生の大半を過ごしていました。むやみに女性らしい、当時もてはやされていた完璧な曲線美を作りだすためです。たしかに衣装は壮麗でしたが、同時に拘束着のようでもあり、歩くことも息をすることも、すました顔で過ごすことさえも難しい状態でした。

　ところが、これほどつらいものなのに、コルセットを嫌う女性ばかりではありませんでした。当時の出版物を見てみると、多くはメリットとデメリットの双方を挙げています。また、道徳的観点から必要、礼節の象徴、コルセットをせずに人前に出るのははしたない、などと考える人が多く、そうした社会規範も圧力となりました。メアリーとイーディスは何も言わずにコルセットを受け入れていますが、シビルはシーズン1で窮屈だと不満をこぼします。緩めてほしいとアンナに頼んだら、すかさずイーディスが「あとは一気に下り坂ね」と言いました。社会における女性（とりわけ上流階級の女性）の立ち位置について、シビルの抱える葛藤を象徴するシーンです。女性参政権運動

が新聞の見出しを賑わせており、第一次世界大戦によって女性が家事ではなく工場での労働や、看護師としての訓練に身を費やす時代が来ようとしています。女はただかわいらしくしているだけか、コックやメイドになるしかないという時代はいきなり終わり、女性も手に職を持ち、稼ぎ、自立できるようになるのです。シビルの場合は看護師として学び、働くことでついに念願の解放を手に入れました。イーディスまでもがコルセットの紐を緩め、ズボンにシーズン1でも着ていたコートという姿で借地人のジョン・ドレイクのところへ行き、トラクターのハンドルを握ります。

　その当時、コルセットを外してもよい場所は2つしかありませんでした。1つ目は寝室で、ローブ姿になるときです。コーラや、のちのメアリーのように既婚女性がベッドでの朝食を好むのは、1つにはこのためでした。窮屈なコルセットとドレスの着用を後回しにできるという、大きなメリットがあったのです。コルセットを外してもよい場所の2つ目はアフタヌーンティーであり、ティーガウンを着るのが流行りました。

　19世紀中ごろから広く着られるようになったティーガウンは、いろいろなものがヒントとなっています。初期には日本の着物を真似た、ゆったりとまとうシルクやシフォンの長いローブが好まれ、後年になるとさまざまな時代のファッションが取り入れられました。たとえばローブ・ア・ラ・フランセーズ（18世紀フランスの宮廷ドレス）の、身体の線を拾わないヴァトープリーツ（襟首から裾まで入ったプリーツ）や、大きなフリルが揺れる袖などです。ウエストはエンパイアスタイル（胸の下で締め、裾に向かって直線的に落ちるライン）にするか、低い位置にとりました。1920年代には、かなり低く落としたウエストラインが流行りました。

　なお、アフタヌーンティー用としてデザインされたティーガウンですが、『ダウントン・アビー』の時代には、午後から夕方にかけて着たままでいるのが普通になっていました。コーラもよくティーガウン姿で家の中を動き回っています。

ダウントン・アビーにおけるお茶（ティー）

『ダウントン・アビー』では階上と階下、どちらでもお茶のシーンが頻繁に登場します。シーズン6のエピソード4でバイオレットとシャクルトン夫人がお茶をするシーンでは、ことを自分の有利に運びたいバイオレットが夫人を味方につけるべく画策します。銀のケトルが保温器にセットされていて、自分たちで熱いお茶を淹れられるので、部屋に使用人は必要ありません。ですからこの時間は、階下の使用人たちにとってもティータイムです。デイジーが大きなブラウンベティ（p.50「紅茶の歴史」参照）を手に、皆にお茶を注ぎます。階下の使用人たちにとっては、忙しい1日にあって束の間の寛ぎが得られる貴重な自由時間でした。一方、階上の若い女性たちにとっては、アフタヌーンティーは晩餐（ディナー）のような厳格な決まりもなく、自然なやり取りの中で安心して親交を深められる場でした。

◉ティーマナー

『ダウントン・アビー』の時代にはマナーや家政の本が広く出回っていましたが、クローリー伯爵家のような家柄に生まれついていれば、そうした決まりごとは幼いころから自然と身についていきます。マナー本が必要だという時点で、その世界の者ではないと言っているようなものなのです。

1922年刊行のエミリー・ポスト（アメリカのマナー著述家）著『Etiquette in Society, in Business, in Politics, and at Home（社交、仕事、政治、家庭におけるエチケット）』には、ティートレイに必ず用意すべきものとして「お湯の沸いたケトル、ケトルをのせるアルコールランプ、空のティーポット、茶葉の入ったティーキャディー（茶入れ）、ティーストレイナー（茶漉し）、スロップボウル（湯こぼし）、ミルクピッチャー、シュガーボウル（中略）。揃いのカップ＆ソーサーと小さなプレート。積み重ねたプレートにはナプキンを（中略）たたんで1枚ずつのせておくこと」と記されています。

食べ物に関しては、ティーテーブルか、小さな「棚」を3段重ねたティースタンドを用意することと書かれています。ティースタンドの1段はそれぞれが「十分な大きさのある皿」であり、蓋のある最上段には「温かいパンなど。（中略）2段目は普通サンドイッチ、3段目はケーキ。あるいは、3段ともケーキ類でもかまいません。たとえば小さなかわいらしいケーキ、ペイストリー、切り分けたレイヤーケーキ（層をなし、ジャムやクリーム

を挟んだケーキ）」をのせる、とのことです。ダウントンの定番は小さなケーキ、ヴィクトリアスポンジ、フルーツケーキなどです。

◉お茶の準備をする

・冷水を注いだケトルを火にかけ、沸かします。沸騰した湯をティーポットに少し注ぎ入れて回し、ポットが温まったら捨てます。

・温めたティーポットに、小さじに人数分＋ポット分の茶葉を入れます。

・お湯が再度沸騰したら、すぐにポットの茶葉の上に注ぎます。

・2〜5分蒸らします。時間はお好みや、茶葉の種類によって調整しましょう。一般的にブラックティー（紅茶）はホワイトティー（白茶）、グリーンティー（緑茶）、ウーロンティー（烏龍茶）などより長く蒸らします。薄いお茶を好むゲストのために、薄めるためのお湯を入れたピッチャーも用意しておきます。

◉お茶を振る舞う

正式な作法では、お茶を淹れるのも注ぐのも女主人の仕事です。女性が茶入れの鍵を握り、家の中のことを仕切っていた名残というわけです。1つのカップにお茶を注いだら（茶葉が入らないように茶漉しを使って注ぐのが理想です）そのカップをゲストに手渡し、それから次のカップに取りかかります。

カップを受けとったゲストは、砂糖とミルクを入れます（ダウントンの時代のマナーでは、女主人がゲストの好みを聞いて砂糖とミルクを入れてから渡しました）。普通ブラックティーにはミルクを、ラプサンスーチョン（p.16参照）にはレモンを入れます。かき混ぜて、砂糖が溶けたらスプーンはソーサーに戻します。

お茶を飲む際はソーサーをテーブルに置いたまま、カップだけ持ちあげます。持ち手の中に指は差し込まず、親指と残りの指ではさむように持ちます。小指を立てるイメージがあるかもしれませんが、それはマナー違反です。お茶は飲むのではなく、すすります。一口ごとにソーサーに戻しましょう。

イギリスのお茶事情

17世紀に中国からイギリスに初めてやってきたお茶はグリーンティー、いわゆる緑茶でした。今のわたしたちがイギリスと聞いて連想する濃いブラックティー、つまり紅茶は、19世紀に植民地のインドで製造されたお茶の流れをくむものです。

19世紀初頭、お茶がたいそう好きになったイギリス人は、いつまでも茶葉を中国に頼っていてはいけないと考えました。1820年代にはすでにイギリス東インド会社があったので、アッサムで現地の品種を使った大々的な茶葉生産に取り組んだところ、これが大成功。安価な茶葉を本国市場へ安定供給できるようになったばかりか、大英帝国を代表する商品が誕生しました。

1840年代後半には、中国の製茶技術の高さを認めた東インド会社が、スコットランド人植物学者ロバート・フォーチュンをかの地へ派遣しました。お茶の木の栽培と茶葉の製造について学ぶと同時に、インドに移植する最高の苗木を手に入れるためです。あいにくフォーチュンが船で送った何千何万という苗木と種は、そのほとんどが育たず枯れてしまいました。それでも彼が頭に蓄えた知識、彼が連れ帰った熟練の中国人生産者のおかげで道は整い、インドは世界有数のお茶の産地へと成長し、イギリスでは階級を問わず、暮らしの一部としてお茶を楽しめるようになりました。

●お茶の種類

カフェインが含まれる昔ながらのお茶ができる木は、2種類しかありません。どちらもカメリア・シネンシスというツバキ科の植物で、1つはシネンシス（中国種）、もう1つはアッサミカ（アッサム種）です。それらをどのように加工するか、どのようにブレンドするかによって、何種類ものお茶ができます。

・グリーンティー（緑茶）

グリーンティーは中国で生まれ、アジア各国に広がりました。乾かす、蒸す、揉むというシンプルな製造工程です。

・ホワイトティー（白茶）

お茶の木の銀色に輝く先端部分を使うことから、かつては「シルバーチップペコ」とも呼ばれました。5種類のお茶の中でもっとも軽い味わいです。白い産毛に包まれた若芽、もしくは若い蕾を開いてしまう前に摘みとり、さっと乾燥させるだけと

いう最小限の工程で作ります。

・ブラックティー（紅茶）

ほかのお茶よりも風味の強いことが特徴で、4つの工程を経て製造されます。まず、十分に萎れさせます。それから強く揉み、温度を制御した環境でしっかり酸化発酵させ、最後に乾燥させて酸化を止めます。

・ウーロンティー（烏龍茶）

温度を制御した環境で半ば酸化発酵させたお茶です。最後に丸めるように揉むことで、あの独特の形を作ります。

・ラプサンスーチョン（正山小種）

ブラックティーの一種ですが、大きくてかたい葉を萎れさせ、揉んでから酸化させて、最後に松の木で燻します。独特のスモーキーな風味が特徴です。

●ブレンドティー

・アールグレイ

柑橘系の香りが好まれるアールグレイは、ベルガモットという柑橘類の香料（天然のものも合成のものもあります）を加えて作ります。文献の初出は1880年代ですが、そのころは中国茶であるキーマン（祁門）を加工したものでした。その後、ミルクとの相性を考えて、より風味の強い紅茶で作られるようになりました。現在ではスリランカ（旧セイロン）、アフリカ、インドなどの茶葉が使われています。

・イングリッシュブレックファスト

18世紀末にアメリカで名付けられたため、名前にイングリッシュ（英国風）とついています。現在作られているのは、アッサム茶とセイロン茶、ケニア茶をブレンドした、はっきりとした味わいの紅茶です。淡泊なキーマンを加えることもあります。

・アイリッシュブレックファスト

アッサム茶をメインとしたブレンドティー。特徴は赤い色と麦芽を思わせる力強い味で、ミルクとの相性が抜群です。

ペイストリー
バンズ
ビスケット

英国風クリーム・スコーン（English Cream Scones）

　イギリスにアフタヌーンティーの習慣が生まれた19世紀の半ば以来、ティータイムにはスコーンが欠かせません。言い伝えによると、ある日の午後、時代の先をいくベッドフォード公爵夫人が使用人に命じ、部屋に小さなケーキと熱いお茶を持ってこさせたのがアフタヌーンティーの始まりだとされています。やがて夫人は友人も招くようになり、とある家の習慣だったものが社交界の流行りとなりました。ヴィクトリア女王もうわさを聞きつけるや、すぐに着飾ってのティーパーティーを催したそうです。紅茶にスコーンという伝統は、20世紀になっても廃れることはありませんでした。『ダウントン・アビー』のシーズン6でも、ミセス・パットモアが自分のホテルに来てくれたグランサム伯爵夫妻にスコーンをお出ししていますね。

（材料）

小麦粉 (中力粉) ……… 250g ＋打ち粉用
ベーキングパウダー ………… 大さじ 1
砂糖 …… 小さじ 2 ＋大さじ 1 (飾り用)
塩 ……………………… 小さじ 1
ドライカランツ
　(小粒の干しブドウ) ……………… 70g
高脂肪の生クリーム ……… 200ml

※つや出し用
卵白 1 個分を水小さじ 1 でといたもの

(10 個分)

（作り方）

オーブンを220℃に予熱します。油を塗っていない天板を準備しておきます。

小麦粉、ベーキングパウダー、砂糖小さじ2、塩を大きなボウルに入れ、泡立て器で混ぜ合わせます。ドライカランツと生クリームを加え、大きなスプーンを使って混ぜ込みます。手で生地を寄せ集め、ボウルの側面に押しつけるようにしてこね、ひとまとめにします。

軽く打ち粉をした作業台に生地をのせ、厚さ2cmほどに伸ばしてから直径7.5cmの抜き型を使い、丸く抜きます。抜き型はまっすぐおろし、まっすぐ上げましょう。できるだけ無駄が出ないよう、隙間をあけずに抜いてください。抜いた生地を5cm間隔で天板に並べたら、残った生地を集め、軽くこねて同様に抜き、天板に並べます。

卵白液を刷毛に含ませて上面にさっと塗り、飾り用の砂糖をまんべんなくふります。

オーブンに入れて黄金色になるまで10〜12分焼きます。金網に移し、温かいままか、もしくは室温まで冷ましてからいただきます。

ティーマナー

スコーンは手で2つに割ること。ナイフは使いません。ナイフで切ったスコーンは、かたく感じられるからです。

マドレーヌ（Madeleines）

　貝殻の形をしたこのフランスのお茶菓子は、ダウントンのアフタヌーンティーでもトレイの常連です。また、メアリー、イーディス、シビルのベッドサイドにも、マドレーヌの入ったガラスジャーが夜更けの軽食用として置かれています。中流階級に生まれ育ったマシューのお気に入りでもありますが、ダウントン村に来たばかりのとき、小さくてかわいらしいマドレーヌを、マナーを無視してほおばり、育ちが知れる結果となってしまいました。

（材料）

無塩バター	60g（溶かして冷ます）＋型用（室温に戻す）
小麦粉 (中力粉)	60g ＋型用
卵	2個
グラニュー糖	70g
塩	小さじ ¼
バニラエクストラクト	小さじ 1
粉砂糖	仕上げ用（お好みで）

（12個分）

（作り方）

オーブンを190℃に予熱します。室温に戻したバターを刷毛に含ませ、マドレーヌ型に塗ります。型の細部まできちんと塗るようにしましょう。型に小麦粉をふり、型を回して全体にまぶしたら余分をはたき落とします。

卵、グラニュー糖、塩をボウルに入れ、中高速のハンドミキサーを使って白っぽくふんわりするまで5分ほど撹拌します。バニラエクストラクトを加えて撹拌したらミキサーのスイッチを切り、小麦粉をふるい入れます。低速で小麦粉をしっかり混ぜ込んだら、再びミキサーのスイッチを切り、ゴムべらに変えて溶かしバターを2回に分けて加え、切るようにやさしく混ぜ込みます。

生地を大さじ山盛り1ずつすくい、型に流し入れます。オーブンに入れ、指で軽く押して弾力が感じられるようになるまで10〜12分焼きます。途中で天板の前後を入れ替えてください。焼けたらすぐに金網の上で型を返し、叩いてマドレーヌを落とします。落ちてこないものがあれば型を上向きに戻し、バターナイフを差し込んで外れやすくしてから、あらためて金網の上で逆さまにして叩きます。完全に冷まし、ティータイムの直前にお好みで粉砂糖をふるってかけます。

パルミエ（Palmiers）

　エドワード朝のイギリス貴族に仕える菓子職人や料理人には、洗練されたフランス菓子を作る腕が求められました。このパルミエに使われているパフペイストリー（折り込みパイ生地の一種）作りも、欠かせない技術。パルミエというのは「ヤシの木」という意味のフランス語ですが、同じようなさくさくした菓子は世界中にあり、豚の耳、ゾウの耳、フランスの心臓、靴底、眼鏡など、さまざまな名前で呼ばれています。

（材料）

無塩バター ……………30g（溶かしておく）
バニラエクストラクト ……… 小さじ ½
グラニュー糖 …………………100g
粉砂糖 ………………………60g
冷凍パフペイストリー生地（入手出来ない場合は
　冷凍パイシート）…………1シート／約225g
　　　　　　　　　　　　　　（解凍しておく）

※つや出し用
卵1個を水大さじ1でといたもの

（20個分）

ティーマナー

クローリー家では磁器のカップ＆ソーサーとプレートのほかに、さらに優雅な銀のティーセットも使っています。

（作り方）

オーブンを190℃に予熱します。天板2枚にクッキングシートを敷きます。

溶かしバターを小さなボウルに入れ、バニラエクストラクトを加えます。別のボウルにグラニュー糖と粉砂糖を合わせ、フォークで混ぜてから80g取り分けておきます。

残っている砂糖類を大さじ3だけ作業台にふり、そこにパフペイストリー生地をのせたら、生地の表面にも砂糖類をふって手でまんべんなく広げ、麺棒を使って25×50cmの長方形に伸ばします。中央から外へと麺棒を動かし、1〜2回伸ばすごとに生地を90度回転させましょう。生地がべたついてきたら、生地の表面に砂糖類をもう少しふります。

バニラを加えておいた溶かしバターを刷毛に含ませ、生地の表面に塗ってから、取り分けておいた砂糖類80gをまんべんなくふります。短辺側を5cm折り畳み、そのまま中心線のところまで折り込んでいきます。反対側も同様に中心線まで折り込んだら、折り込まれている面が下になるように裏返して置き、厚さ12mmに切って5cm間隔で天板に並べます。卵液を刷毛に含ませて上面にさっと塗ります。

オーブンに入れ、黄金色になるまで15分ほど焼きます。天板ごと金網にのせて5分だけ冷ましたら、金網の上に取り出して完全に冷まします。

ホットクロスバンズ（Hot Cross Buns）

　今やイースターの定番であるこの甘くてスパイシーなバンズ（甘みを加えた小さなパンやケーキ）がイギリスに広まったのは、イースト菌で膨らませた脂肪分の多いパンが流行した17世紀のことでした。アフタヌーンティーというよりは朝食として口にすることが多いかもしれませんが、ダウントンでは階上・階下双方の定番メニューとなっています。ミセス・パットモアの台所のシーンでも、作業台で冷めるのを待つバンズがよく映っていますね。

（材料）

小麦粉 (中力粉)	440 ～ 500g ＋打ち粉用
微粒グラニュー糖	50g
ナツメグパウダー	小さじ ½
シナモンパウダー	小さじ ½
ジンジャーパウダー	小さじ ¼
塩	ひとつまみ強
有塩バター	60g ＋天板用＋サービング用
牛乳	300ml
ドライイースト	小さじ 1
卵	1個 (といておく)
レモンの皮のすりおろし	小さじ ½
オレンジの皮のすりおろし	小さじ ½
ドライカランツ	80g
オレンジとレモンの皮の砂糖漬け(角切り) あるいはゴールデンレーズン	90g

（12 個分）

（作り方）

小麦粉440g、微粒グラニュー糖、ナツメグ、シナモン、ジンジャー、塩を大きめのボウルに混ぜ合わせ、中央をくぼませます。

小さな片手鍋にバターと牛乳を入れて中火にかけ、バターが溶けるまで加熱します。火からおろし、人肌程度（38℃）まで冷ましてからドライイーストを入れます。イーストが活性化するまで5分ほど置いたら、オレンジとレモンの皮のすりおろしと卵を加えます。それを混ぜ合わせておいた粉類のくぼみ部分に注ぎ、けばだった生地になるまで木べらで混ぜます。

打ち粉をした作業台に生地をのせ、弾力が出てきて表面がなめらかになるまで20分ほどこねます。べたつくので、残りの小麦粉60gを一度にごく少量ずつ加えながらこねましょう。大きめのボウルに軽く粉をふって生地を移します。ボウルにラップか濡れ布巾をかけて暖かい場所に置き、生地が2倍に膨れるまで1時間半ほど寝かせます。

軽く打ち粉をした作業台に生地をのせて押し広げ、オレンジとレモンの皮の砂糖漬けとドライカランツをまんべんなく散らしたら、生地を巻きあげます。フルーツが均等に行き渡るまでやさしくこねたら、ボウルか濡れ布巾をかぶせて10分寝かせます。

紅茶の歴史

ロンドンの陶磁器メーカーが、東洋の磁器に近い、かたくて丈夫で美しいティーポットを独自の技術で作り始めたのは1740年代のこと。それまでは中国から輸入するしかなく、そのことが異国情緒溢れるお茶をいっそう特別なものとしていました。

天板に薄くバターを塗ります。生地を12等分にし、それぞれを丸めます。12個のボールができたら、生地のとじ目を下にして天板に等間隔に並べ、濡れ布巾をふんわりかけて暖かい場所に置き、ふっくら膨らむまで1時間ほど寝かせます。40分ほどたったところでオーブンを190℃に予熱し始めます。

生地が膨らんだら、よく切れるナイフで上部に十字の切り込みを入れます。天板をオーブンに入れ、表面が黄金色になるまで15〜20分焼き、焼きあがったら金網にのせます。少しだけ冷まして熱いうちに食べるか、完全に冷まして室温でいただきます。どちらの場合も、バンズにつけるバターも忘れずに。

ジンジャービスケット（Ginger Biscuits）

　かたくてスパイシーで、ジンジャーナッツと呼ばれることもあるジンジャービスケットは、1840年代から人気です。ジンジャーブレッドケーキと同じようにスパイスをきかせて作りますが、まったくの別物。ジンジャーブレッドケーキのほうは厚みがあってやわらかく、パンのような食感ですが、こちらは素朴なクッキーで、焼きあがりはやわらかいものの冷めるとかたくなります。熱い紅茶に浸すと最高においしくいただけますよ。

（材料）

小麦粉 (中力粉)	310g
ベーキングソーダ	小さじ1
ジンジャーパウダー	小さじ1と½
シナモンパウダー	小さじ½
クローブパウダー	小さじ¼
塩	小さじ¼
キャノーラ油	160ml
ライトブラウンシュガー	210g
黒糖蜜 (p.90参照)、またはダークモラセス	115g
卵	1個 (といておく)
ジンジャーの砂糖漬け	130g (刻んでおく)
卵白	1個分
ザラメ糖	115g

（およそ48個分）

（作り方）

オーブンを160℃に予熱します。天板2枚にクッキングシートを敷きます。

小麦粉、ベーキングソーダ、スパイス類（ジンジャー、シナモン、クローブ）、塩を合わせておきます。

キャノーラ油、ブラウンシュガー、黒糖蜜を大きめのボウルに入れ、木べらでしっかり混ぜ合わせます。とき卵を混ぜ込んでから、合わせておいた小麦粉類をふるい入れて混ぜ、最後にジンジャーの砂糖漬けを混ぜ込みます。

卵白を小さめのボウルに入れて軽くとき、ザラメ糖を浅い器に広げておきます。

手に水をつけ、生地を直径2.5cmに丸めます。卵白にさっとくぐらせてからザラメ糖の器に移し、転がしてまぶします。約2.5cm間隔で天板に並べます。

オーブンに入れ、表面がひび割れるまで15〜18分焼きます。天板ごと金網にのせて5分だけ冷ましたら、金網の上に取り出して完全に冷まします。しっかりかたくなったら完成です。

チョコレートフロランタン (Chocolate Florentines)

　この上品な菓子についてわかっているのは、フロランタンという名前なのにフィレンツェ（フランス語ではフロランス）とは無関係だということだけです。でも、成り立ちこそ謎に包まれていますが、アーモンドをキャラメリゼして薄くカリッと焼きあげるところは、これぞフランスの製菓技術という繊細さ。まさにアフタヌーンティーのためにあるような品です。

（材料）

●フロランタン用

オレンジの皮のすりおろし……… 小さじ1

小麦粉 (中力粉) ……………………… 30g

無塩バター……… 70g (小さく切っておく)

高脂肪の生クリーム ……………… 60ml

砂糖 ……………………………………… 100g

ハチミツ ………………………………… 大さじ2

皮なしスライスアーモンド ……… 70g

●チョコレートグレーズ用

セミスイートチョコレート……… 170g
（刻んでおく）

無塩バター ……………………………… 115g

ライトコーンシロップ ……… 大さじ1

（およそ24個分）

（作り方）

オーブンを160℃に予熱します。天板2枚にクッキングシートを敷きます。

オレンジの皮を小さなボウルに入れ、小麦粉を加えてまぶします。

バター、生クリーム、砂糖、ハチミツを片手鍋に入れて弱火にかけ、かき混ぜながらバターと砂糖を溶かします。かき混ぜ続けながら強めの中火に上げ、沸騰したら2分煮ます。火からおろしてアーモンドを混ぜ込んでから、オレンジの皮と合わせておいた小麦粉も混ぜ込みます。重い生地ができます。小さじ2ずつすくい、約7.5cm間隔で天板に落としてスプーンの背で表面をならします。

天板1枚をオーブンに入れ、直径7.5cmほどに広がって激しく泡立ち、ふちが薄く色づくまで14分ほど焼きます。天板ごと金網にのせて10分冷ましたら、幅広のスパチュラを使って金網の上に取り出し、完全に冷まします。2枚目の天板も同様に焼きます。

グレーズを作ります。チョコレート、バター、コーンシロップを耐熱ボウルに入れ、4分ほど混ぜながら湯煎してチョコレートとバターを溶かします。湯煎からおろし、目の細かい漉し器に通して別の耐熱ボウルに移します。人肌程度まで冷ましてから使います。

天板にクッキングシートを敷きます。フロランタンの片端だけをグレーズに浸してから天板に並べ、30分ほど置きます。グレーズが固まったら完成です。

スコティッシュ・ショートブレッド （Scottish Shortbread）

　ショートブレッドの起源は12世紀のスコットランドにさかのぼります。イースト菌で膨らませたビスケットで、かたくて粉っぽく、砂糖がまぶしてありました。一説によると16世紀の半ば、フランス育ちのスコットランド女王メアリーがお抱えのフランス人シェフに命じ、従来より洗練されたものを作らせたことによって、イーストではなくバターを使い、丸く伸ばした生地のふちを波状に飾り立て、焼きあげてから放射状に切り分けるレシピが生まれたのだそうです。最後の大きな変化が訪れたのは1921年のこと。「ショートブレッド」と謳うものは脂肪分の51％以上がバターでなくてはならないと、イギリスの法が定めたのです。おかげでダウントンのお屋敷でも、いつでも安心してバターたっぷりのショートブレッドを楽しむことができました。

（材料）

小麦粉 (中力粉) ……… 190g ＋打ち粉用
塩 ……………………… 小さじ ¼
無塩バター ……… 225g (室温に戻す)
粉砂糖 ………………………… 30g
グラニュー糖 ………………… 50g
　　　　　　　＋大さじ 1 (飾り用)
バニラエクストラクト ……… 小さじ 2

（12 ～ 16 個分）

（作り方）

オーブンを150℃に予熱します。23cm角の焼き型を用意します。

小麦粉と塩を合わせてふるっておきます。別の大きなボウルにバターを入れ、中高速のハンドミキサーを使って白っぽくふんわりするまで3分ほど攪拌します。粉砂糖とグラニュー糖50gを加え、しっかり混ざるまで攪拌したら、バニラエクストラクトを混ぜ込みます。低速に落とし、ふるっておいた小麦粉類を少しずつ混ぜ込みます。

指先に軽く小麦粉をつけ、生地を型に押し込んで平らにならしたら、飾り用のグラニュー糖大さじ1をまんべんなくふります。

オーブンに入れ、ふちが黄金色になるまで1時間ほど焼きます。オーブンから出し、刃の薄いよく切れる包丁で手早く12～16本のバー状に切り分けてから、フォークで刺して表面に穴をあけます。型のまま金網にのせて30分冷ましたら、慎重に型から出して金網の上で完全に冷まします。

ピーカンチュイール（Pecan Tuiles）

　チュイールというのはフランス語でタイルのこと。田舎の家の屋根瓦のような形に曲げた、とても薄いクッキーというわけです。旅行を楽しむことも多いクローリー家の面々なので、フランスの建築様式に明るいだけでなく、一流の菓子店が提供するこの繊細な丸い菓子にも慣れ親しんでいたことでしょう。ピーカンは北アメリカが原産の木の実で、16世紀にスペインの冒険家が持ち帰ったことでヨーロッパに伝わりました。本来チュイールにはアーモンドを使いますが、創意に富むパリの菓子職人なら、新世界のナッツを使ってみようと思い立ったのではないでしょうか。

（材料）

ピーカンナッツ ························60g
　　　　　　　　＋40g (刻んでおく)

砂糖 ·····································100g

小麦粉 (中力粉) ····················30g

無塩バター ······70g (溶かして冷ます)
　　　　　　＋天板用 (室温に戻す)

卵白 ································2 個分 (といておく)

バニラエクストラクト ·········小さじ ½

（24個分）

レシピメモ

まだ熱いうちに曲面にかぶせなければ、チュイールの由緒正しいカーブを出すことはできません。

（作り方）

オーブンを180℃に予熱します。大きな天板にバターを塗っておきます。

ピーカンナッツ60gと砂糖をフードプロセッサーに入れ、ピーカンナッツが粉状になるまで回します。ボウルに移して小麦粉を混ぜ込んだら、バター、卵白、バニラエクストラクトも加えてよく混ぜ合わせます。

小さじ山盛り1の生地をすくい、準備しておいた天板に7.5cm間隔で落とします。アイシング用のスパチュラかディナーナイフで直径6cmに丸く広げてから、刻んだピーカンナッツを1枚につき小さじ½強ずつ散らします。なお、生地全量を一度に焼くことはできません。

オーブンに入れ、ふちがこんがりと色づき、中央はうっすら黄金色になるまで9分ほど焼きます。薄くてしなやかなスパチュラを使ってチュイールを手早く天板からはがし、麺棒にかぶせます。そのまま1分ほど冷まし、かたくなったところでそっと金網に移して完全に冷まします。天板の上で冷めてしまった場合は、そのままでは壊れやすいので天板ごと短時間オーブンに戻し、やわらかくします。残りも同様に焼きますが、次のバターは必ず天板が冷めてから塗るようにしてください。

カヌレ （Canelés）

　フランスはボルドー地方の特産品であるカヌレはおよそ500年前、アノンシアード修道院の修道女たちによって焼かれたのが始まりだとされています。中はしっとりコクがあり、外はこんがり焦げ茶色に焼けた小さな菓子ですが、フランス革命の折には、製造していた菓子ギルドが閉鎖に追い込まれ、ほとんど姿を消してしまいました。けれども20世紀初頭に再びフランスの菓子店に並ぶと、たちまち隣国イギリスでも優雅なお茶菓子として楽しまれるようになりました。

（材料）

牛乳	525ml
バニラビーンズ	1本（サヤを縦に裂く）
全卵	2個
卵黄	2個
砂糖	250g
小麦粉（中力粉）	125g ＋大さじ 2
無塩バター	60g ＋型用 30g （溶かしておく）
ラム酒（ライトタイプ）	大さじ 1

（15 〜 18 個分）

（作り方）

片手鍋に牛乳を入れ、バニラビーンズのサヤから包丁の先でしごくようにして取った種を加えます。種を取ったあとのサヤも加えてから強めの中火にかけ、鍋肌にぷつぷつと小さな泡が立ってくるまで5分ほど加熱します。火からおろし、粗熱をとります。

全卵を小さなボウルに入れ、よくときほぐします。卵黄を別の小さなボウルに入れてといておきます。砂糖と小麦粉を大きなボウルに合わせ、中央をくぼませます。そのくぼみに全卵、卵黄の順に加えて混ぜ、かためのペースト状にします。サヤを取り除いた温かい牛乳、溶かしバター60g、ラム酒を加え、泡立て器でよく混ぜ合わせます。ボウルにラップをかけて冷蔵庫に入れ、1〜2時間冷やします。

オーブンを180℃に予熱します。残っている溶かしバター30gを刷毛に含ませ、カヌレ型に塗ります（カヌレ型がない場合は、標準サイズ〈内径7cm〉のマフィン型12個に同量の溶かしバターを塗ります）。冷蔵庫に15分入れて冷やします。

冷えた生地をよく混ぜてから、冷えた型のふちぎりぎりまで注ぎます。天板にのせてオーブンに入れ、ふちがこんがりと色づいて膨らみ、中央は少しへこんだ状態になるまで1時間ほど焼きます。途中でオーブンをあけてはいけません。焼きあがったら、熱いうちに型から出して金網にのせます。残りも同様に型にバターを塗ってから冷やし、冷えた型に冷えた生地を注いで焼いていきます。生地はその都度、冷蔵庫に戻すようにしましょう。

温かいままか、もしくは室温まで冷ましてからいただきます。

チェルシーバンズ（Chelsea Buns）

　チェルシーバンズというのは、18世紀から19世紀の初頭までロンドン南西部にあった「Chelsea Bun House〈チェルシー・バン・ハウス〉」という店が売り出した商品でした。店主のリチャード・ハンド、通称キャプテン・バンがブームの火付け役となり、以来、イースト菌で作るドライカランツたっぷりのこの四角いパンは、ティータイムに欠かすことのできない品となっています。ロイヤルファミリーにもこよなく愛されたので、彼の店は「Royal Bun House〈ロイヤル・バン・ハウス〉」とも呼ばれました。

（材料）

●生地用

小麦粉 (中力粉)	375g
砂糖	大さじ3
インスタントドライイースト	小さじ2
塩	小さじ1
牛乳	240ml
（45〜52℃に温めておく）	
無塩バター	60g (溶かしておく)
ノンスティックスプレー (スプレー式の調理用油) または癖のない油 (型用)	

●フィリング用

砂糖	大さじ3
ミックススパイス、または パンプキンパイスパイス (シナモン、ナツメグ、ジンジャー、クローブ、コリアンダーを適量ずつ混ぜてもよい)	小さじ2
無塩バター	45g (溶かしておく)
ドライカランツ	140g

●グレーズ用

グラニュー糖	50g
熱湯	大さじ2

（9個分）

（作り方）

生地を作ります。スタンドミキサーのボウルに小麦粉、砂糖、インスタントドライイースト、塩を入れて混ぜ合わせてから、ドウフック（こねる作業をするときに使うパーツ）をつけて中低速にセットし、牛乳と溶かしバターを加えて撹拌します。完全に混ざったら中速に上げ、つやが出てボウルから離れるまで8〜10分こねます。ドウフックの上部まで生地がくっついてきたらスイッチを切り、生地をこそげ取ってボウルの中に落としてください。

作業台に生地を移し、1〜2度こねて台にくっつかなくなったら丸くまとめます。スタンドミキサーのボウルの内側に薄く油を塗り、生地を戻します。皿かラップをかぶせて暖かい場所に置き、2倍に膨らむまで1時間ほど寝かせます。

一辺23cm、深さ5cmの角型（側面が垂直になっている型がおすすめ）に薄く油を塗っておきます。フィリング用の砂糖とミックススパイスを小さなボウルに入れ、泡立て器でよく混ぜ合わせます。溶かしバターとドライカランツは混ぜません。

〈続く〉

バイオレット：まあ、ちょうどよかった。乳母がいつも言ってたのよ。ささくれた神経には甘いお茶がいちばんだって。どうして甘いのがいいのかは、わたくしにはわからないけれど。

〜シーズン1・エピソード3

〈作り方続き〉

作業台に生地をのせ（打ち粉は必要ありません）、ガス抜きをします。手か麺棒で23×46cmの縦長に伸ばしたら、中央に溶かしバターをのせ、オフセットスパチュラを使ってふちまで塗り広げます。ミックススパイスを混ぜた砂糖をまんべんなくふりかけたら、その上にドライカランツを散らし、手でやさしく押し込みます。

ロールケーキの要領で手前から巻きあげ、合わせ目をつまんで閉じます。とじ目を下にして置きなおし、長さ23cmの丸太状に整えます。波刃のパン切り包丁で両端を切り落としてから、厚さ2.5cmずつ9個に切り分け、切り口を下にして準備しておいた型に3列に並べます。

余裕を持たせたラップで型全体をしっかりと覆い、型いっぱいに四角く膨らむまで暖かい場所で1時間ほど寝かせます。40分ほどたったところでオーブンを180℃に予熱し始めます。

生地を寝かせている間にグレーズを作ります。グラニュー糖と熱湯を小さなボウルで混ぜ合わせ、グラニュー糖を溶かします。できたら使うまで置いておきます。

オーブンに入れ、膨らんでこんがりと色づくまで42〜45分焼きます。型のまま金網にのせ、スプーンを使って全体にグレーズをかけます。15分ほど冷まし、まだ温かいうちにいただきます。

プリンス・オブ・ウェールズ・ビスケット（Prince of Wales Biscuits）

　もともとは1800年代の初めごろ、いわゆる摂政時代に人気のあった甘くないビスケットで、プリンス・オブ・ウェールズ（イギリス皇太子）の由緒ある羽根の徽章（きしょう）模様がついていました。市販のものを買い求め、晩餐後に甘口ワインに浸して食べたようです。ここで紹介するのは後年登場したもので、やわらかく、少し甘みもつけてあるので、ティータイムにおいしくいただけます。羽根の徽章の代わりに好きな押し型を使っても、皇太子はきっと許してくださるでしょう。

（材料）

小麦粉 (中力粉) ………… 300g ＋成形用
塩 ……………………… 小さじ ½
冷えた無塩バター ……………… 170g
　　　　　　　　　　　　　　（角切りにする）
砂糖 ………………………… 100g
卵 …………………………… 1個
バニラエクストラクト ……… 小さじ 1

（およそ 17 枚分）

レシピメモ

砂糖の比率が少ないので、こんがりとした焼き色はつきません。もう少し甘くしたいなら、砂糖を140gに増やしてください。

（作り方）

オーブンを180℃に予熱します。天板3枚にクッキングシートを敷きます。

小麦粉と塩を中くらいのボウルに入れ、泡立て器で混ぜ合わせます。別の大きなボウルにバターを入れ、中速のハンドミキサーでクリーム状になるまで1分ほど撹拌します。砂糖を加えて中高速に上げ、白っぽくふんわりするまで2〜3分撹拌したら、卵とバニラエクストラクトも加えてしっかり混ぜ合わせます。最後に中低速に落とし、塩と合わせておいた小麦粉を混ぜ込みます。

浅い小さなボウルに小麦粉を数さじ入れておきます。生地を手で丸め、直径4cm、重さ35gほどのゴルフボール状にします。すべて丸め終わったら、うち6個を小麦粉のボウルに半ばまで沈めてから、小麦粉のついた面を上にして7.5cm間隔で天板に並べます。軽く小麦粉をふった直径7.5cmのクッキー用押し型を使い、型と同じ大きさになるまでぎゅっと潰します（型からはみ出した部分は包丁の先で切り落としましょう）。押し型をそっと持ちあげて外します。押し型には毎回あらためて小麦粉をふるようにしてください。2枚目、3枚目の天板にも同様に生地を並べ、潰します。

天板を1枚だけオーブンに入れ（気温が高い場合は、残りの天板は冷蔵庫に入れておきます）、ふちが淡い黄金色になるまで15〜17分焼きます（底面はもう少しはっきり色づいているはずです）。天板ごと金網にのせ、10分冷ませば完成です。2枚目、3枚目も同様に焼きます。当日中がおいしくいただけます。

ラズベリーメレンゲ（Raspberry Meringues）

　メレンゲというものを初めて活字で紹介したのは、クレームブリュレの生みの親であるフランス人シェフ、フランソワ・マシアロです。1691年から刊行を始めた料理本シリーズ『Nouveau cuisinier royal et bourgeois（宮廷とブルジョワの新しい料理）』に、そのレシピが掲載されています。定番は羽根のように軽い大きなメレンゲの器にラズベリーのフールを詰め、生クリームで飾ったもの。ダウントンの食卓でも人気のデザートでした。アフタヌーンティー用なら、かわいらしい鳥の巣のように小さく絞り出せば完璧です。

（材料）
●メレンゲ用
卵白 ……………………………… 2個分
レモン果汁 ……………………… 小さじ1
微粒グラニュー糖 ……………… 115g

●フール用
ラズベリー …………… 225g＋飾り用
高脂肪の生クリーム ………… 150ml
微粒グラニュー糖 ……………… 50g
粉砂糖（お好みで）

（6個分）

（作り方）
メレンゲを作ります。オーブンを95℃に予熱し、天板にクッキングシートを敷きます。

ボウルに卵白とレモン果汁を入れ、泡立て器か中速のハンドミキサーで泡立てます。卵白がふんわりしてきたら中高速に上げ、ゆるいツノが立つようになったら微粒グラニュー糖を少しずつ加えながら、かたいツノが立つまでさらに泡立てます。

できたメレンゲをスプーンですくい、大きめの星口金をつけた絞り袋に詰めたら、袋の上部をひねって閉じます。クッキングシートの上に丸く6個、それぞれ直径5〜7.5cmに絞り出します。輪郭を絞ってから中を埋め、最後にもう一度輪郭を重ねましょう。フールの上に飾る小さな星形のメレンゲも絞り出しておきます。

メレンゲを2時間〜2時間半焼きます。触れてもべたつかず、クッキングシートから簡単に持ちあがれば焼きあがりです。そのまま完全に冷まします。

フールを作ります。フードプロセッサーかミキサーでラズベリーをピューレ状にし、目の細かい漉し器に通して種を取り除きます。あるいは、フードミルを使えば、ピューレ状にする過程で種を取り除くことができます（この種を取り除く工程は必須ではありませんが、ダウントンのような邸宅では行われていたはずです）。

ボウルに生クリームと微粒グラニュー糖を入れ、泡立て器か中速のハンドミキサーを使ってゆるいツノが立つまで泡立てます。ラズベリーのピューレを加え、生クリームの白い筋がなくなるまで切るようにやさしく混ぜます。

ラズベリーマカロン（Raspberry Macarons）

1617年にロンドンで出版されたジョン・マレル著『A Daily Exercise for Ladies and Gentlewomen（淑女と貴婦人のための毎日の仕事）』の中に、ジョーダン種のアーモンド（スペイン産の製菓用大粒アーモンド）、ローズウォーター、砂糖、卵白、龍涎香（マッコウクジラからとれる香料）で作る小さな菓子、「フランスのマカロン」についての記述が見られます。それから2世紀のちのフランスにおいて、メレンゲのマカロンでフィリングを挟んだ菓子が考案されました。それが今も人気の「マカロンパリジャン」です。

（材料）

きめの細かいアーモンドプードル……145g
粉砂糖…………………………………225g
卵白……………………………………大3個分
バニラエクストラクト……………小さじ½
アーモンドエクストラクト………小さじ½
塩………………………………………ひとつまみ
ジェル状の着色料（ローズピンク）……3滴
（必要に応じて増量）
種なしのラズベリージャム…………140g

（およそ25個分）

（作り方）

天板2枚にクッキングシートを敷きます。アーモンドプードルと粉砂糖115gを合わせておきます。

卵白、バニラエクストラクト、アーモンドエクストラクト、塩を大きなボウルに入れ、中速のハンドミキサーでゆるいツノが立つまで3分ほど泡立てます。高速に上げて残りの粉砂糖110gを少しずつ混ぜ込み、かたいツノが立つまで泡立てたら着色料を加え、しっかり混ぜます。もっと濃いピンク色にしたい場合は、着色料を追加します。

合わせておいたアーモンドプードルと粉砂糖を4分の1ほどふるい入れ、ゴムべらを使って切るように混ぜます。残りも3回に分けて加え、同様に切り混ぜます。完全に混ざったら、どろりと流れる生地になります。

1cmの丸口金をつけた絞り袋に生地を詰め、袋の上部をひねって閉じます。天板の上12mmほどのところに構え、直径4〜4.5cmのマカロンを25個程度、約2.5cm間隔で絞り出します。絞り出しの最後はなるべくツノが立たないよう、口金を横に切るように動かしてください。天板を作業台に軽く2〜3回落として空気を抜いてから、室温で30〜45分休ませます。

160℃に予熱しておいたオーブンの下段に天板を1枚だけ入れ、マカロンが膨らんで固まるまで、途中で前後を入れ替えて10〜11分焼きます。焼き色はつけません。底を触ってみて、からりとかたくなっていれば焼きあがりです。金網に移し、完全に冷まします。もう1枚の天板も同様に焼きます。

ティーマナー

クローリー家の人々が自分でお茶を淹れられるよう、ドローイングルーム（応接間）に用意された立派な銀の茶壺^{ティーアーン}には、おかわり用の熱湯がなみなみと入っていました。

半数のマカロンを底面が上になるように作業台に並べ、小さじ½ほどのジャムをのせたら、底面を下にした残り半数のマカロンで挟みます。天板に重ならないように並べたら、ラップをかけて冷蔵庫に入れ、少なくとも丸1日、最長で3日間冷やします。冷たいままか、もしくは少しだけ室温に戻していただきます。

ケーキ
タルト
プディング

バッテンバーグケーキ (Battenberg Cake)

　このアーモンド香るチェス盤のようなケーキは「ドミノ・ケーキ」、あるいは「チャーチ・ウィンドウ・ケーキ」とも呼ばれ、1884年、ヴィクトリア女王の孫娘であるヴィクトリアと、バッテンバーグ（バッテンベルク）家のルイス公子との結婚を祝って作られたものです。その後、第一次世界大戦に突入して反ドイツ感情が高まると、ルイス殿下は1917年、ドイツらしい名前もドイツ貴族の称号も捨て、マウントバッテンというイギリス風の姓に改名しました（現在は孫息子にあたるエディンバラ公フィリップ殿下がこの姓を継いでいます）。

（材料）

●スポンジケーキ用

無塩バター ……… 170g ＋型とホイル用
　　　　　　　　　　　　　　　（室温に戻す）

小麦粉 (中力粉) ……………………… 170g
　　　　　　　　　　　　　　＋型とホイル用

アーモンドプードル ………………… 40g

ベーキングパウダー ………… 小さじ 1

塩 ………………………………… 小さじ ½

グラニュー糖 …………………………… 200g

卵 …………………… 3 個 (室温に戻す)

バニラエクストラクト ………… 小さじ ¾

アーモンドエクストラクト ……… 小さじ ½

牛乳 ………………………………………… 60ml

赤かピンクの食用着色料 …… 1～3 滴

●組み立て用

アプリコットジャム ……………… 105g

粉砂糖 ………………………………… 仕上げ用

マジパン (できれば白) ………… 約 200g

（8 ～ 10 人分）

（作り方）

まず、スポンジケーキを焼きます。オーブンを160℃に予熱し、20cmの角型の底と側面に薄くバターを塗ります。20×30cmのアルミホイルを半分に折って20×15cmにしてから、さらに両端を折り目から5cmのところで折り上げます。しっかり折り目をつけてから両端を開くと、高さ5cmの逆T字のような仕切りができるので、これを型にはめます（20cm角の型を20×10cmに2分割することになります）。アルミホイルにも薄くバターを塗り、型の内側全体に小麦粉をまぶします。

小麦粉、アーモンドプードル、ベーキングパウダー、塩をボウルに入れ、泡立て器で混ぜ合わせます。別の大きなボウルにバターを入れ、中速のハンドミキサーでクリーム状になるまで1分ほど攪拌します。中高速に上げてグラニュー糖を加え、白っぽくふんわりするまで2～3分攪拌します。卵を1個ずつ加えてその都度よく攪拌し、最後の卵を入れるときにバニラエクストラクトとアーモンドエクストラクトも加えます。ハンドミキサーを低速に落とし、合わせておいた小麦粉類の半量ほどを加えて混ぜ込みます。次に牛乳を混ぜ込んでから、最後に残りの小麦粉類を混ぜ込みます。

2分割した型の片側に生地の半量（約400g）を流し入れ、表面をならします。残り半量の生地に着色料を1滴加え、色ムラがなくなるまで切るように混ぜます。もう少し濃いピンク色にしたい場合は、着色料を足します。できたピンクの生地を型の反対側に流し入れ、表面をならします。

〈続 く〉

〈作り方続き〉

オーブンに入れ、32〜34分焼きます。串を両方の生地に刺してみて、どちらも何もついてこなければ焼きあがりです。型のまま金網にのせて15分ほど冷ましてから、刃の薄いナイフを型の内側に沿わせて側面を外します。金網を裏返して型の上にかぶせ、鍋つかみでしっかり持って上下を返します。型を慎重に持ちあげて外し、アルミホイルも取り除いてから完全に冷まします。

スポンジケーキを組み立てます。小さな片手鍋にジャムを入れて弱火にかけ、とろりとさせます。小さなボウルの上に目の細かい漉し器を置き、固形物を押し込むようにしてジャムを漉します。

スポンジケーキを作業台にのせます。型の底だった面が下になるようにしてください。パン切り包丁を使い、膨らんだ上面を水平にカットします。側面もカットして形を整えてから高さをはかり（3cm前後になっているはずです）、高さと同じ幅に細長く切って、高さと幅の等しい正四角柱のスポンジを2本作ります。もう一方でも同様に2本作り、できた4本のスポンジを並べてきっちり同じ長さ（約18cm）に切り揃えます。

作業台に軽く粉砂糖をふってマジパンをのせ、麺棒を使って20×29cmに伸ばします。べたつくようであれば、粉砂糖をもう少しふってください。各辺を切り揃え、18×26.5cmにします。

横長になるようにマジパンを置きます。オフセットスパチュラを使い、左右をあけて中央13cm幅にジャムを薄く塗ります。ジャムを塗った部分の左端にピンクのスポンジを1本のせ、そっと押さえます。そのスポンジの右側面に薄くジャムを塗ってからプレーンのスポンジを右隣に並べ、そっと押さえて貼り合わせます。2本の上面に薄くジャムを塗り、同様にして残り2本を格子状にのせて貼り合わせます。

組み立てたスポンジの上面と左右の側面に薄くジャムを塗ったら、マジパンの右端を持ちあげ、押さえつけるようにしてスポンジに貼ります。水をつけた指先できれいな角を作りましょう。左側も同様に持ちあげて貼り、左右の端どうしを重ねて圧着したら、とじ目を下にして置きなおします。ラップに包んで冷蔵庫に入れ、少なくとも1時間、最長で3日間冷やします。

冷たいまま、もしくは室温に戻したものを薄く切っていただきます。

オレンジバターケーキ（Orange Butter Cakes）

　イタリアやポルトガルの商人が、15〜16世紀に地中海沿岸で栽培を進めるまで、苦みの少ないスイートオレンジはヨーロッパではほとんど知る人のいない存在でした。ヨーロッパ北部の寒冷な土地でも手に入るようになったのは19世紀のこと。新たに敷設された鉄道網によって、生鮮食品の輸送が可能になったからです。昔からイギリスのパン職人は素朴なケーキと果物の組み合わせに夢中でしたから、食料貯蔵庫に新入りが加わるや、さっそく輪切りを1切れずつのせてティータイムケーキにしてみたのでしょうね。

（材料）

無塩バター ……… 90g（溶かして冷ます）
　　　　　　 ＋115g と型用（室温に戻す）
オレンジ ……………………………… 2 個
ライトブラウンシュガー ………… 155g
小麦粉（中力粉）…………………… 125g
ベーキングパウダー ……………… 小さじ 1
ベーキングソーダ ………………… 小さじ ½
塩 ……………………………………… 小さじ ¼
グラニュー糖 ……………………… 100g
卵 …………………………… 2 個（室温に戻す）
高脂肪の生クリーム … 60ml（室温に戻す）
バニラエクストラクト ……… 小さじ 1

（小サイズ 6 個分）

（作り方）

オーブンを180℃に予熱します。240mlのラメキン型（ココット皿のような1人分用の深くて丸い器）かカスタードカップ（いわゆるプリンなどを作るのに使う耐熱性のカップ）6個に、室温に戻したバターを薄く塗ります。

オレンジ1個から皮のすりおろしを取ります。実の部分は、ほかの用途のためにとっておきましょう。もう1個のオレンジからは、ごく薄い輪切りを6枚取ります（丸1個を使い切る必要はありません）。

型の底にブラウンシュガーを大さじ2ずつ入れ、その上に溶かしバターを大さじ1ずつ注いでから、輪切りオレンジ各1枚を敷きます。準備のできた型を天板に並べます。

小麦粉、ベーキングパウダー、ベーキングソーダ、塩を合わせ、ふるっておきます。別の大きなボウルにバター115gを入れ、中速のハンドミキサーでクリーム状になるまで1分ほど攪拌します。中高速に上げてグラニュー糖とオレンジの皮のすりおろしを加え、白っぽくふんわりするまで3〜5分攪拌します。卵を1個ずつ加え、その都度よく攪拌します。ゴムべらに変えて小麦粉類を加え、切るようにしっかり混ぜ合わせたら、生クリームとバニラエクストラクトも加え、完全に混ぜ込みます。

できた生地をスプーンですくい、型のオレンジの上に分け入れます。オーブンに入れ、上面が黄金色になり、中心に刺した串に何もついてこなくなるまで35分ほど焼きます。天板ごと金網にのせて10分冷まします。

〈続 く〉

〈作り方続き〉

刃の薄いナイフを型の内側に沿わせて側面を外したら、型にデザート皿をかぶせ、そのまますばやく上下を返します。型の底をナイフの柄で軽く叩き、ケーキが落ちたら型を持ちあげて外します。輪切りオレンジが型の底に貼りついていたらナイフの先で取り、ケーキの上に置きなおしましょう。温かいままか、もしくは室温まで冷ましてからいただきます。

ジンジャーバターケーキ（Ginger Butter Cake）

　東南アジアが原産とされる生姜は、ローマ帝国では貴重な輸入品でした。それがアングロサクソン時代にはイギリスでも広く手に入るようになり、中世の後半ともなるとコショウと並ぶくらいに普及して、あらゆる料理に使われるようになっていました。けれども18世紀以降は用途が狭まり、生姜はこの簡単なティータイムケーキのように、料理ではなく焼き菓子に使われることがほとんどです。

（材料）

無塩バター ……………… 170g ＋型用
　　　　　　　　　　　　（室温に戻す）
小麦粉（薄力粉）………… 250g ＋型用
ジンジャーの砂糖漬け ………… 130g
　　　　　　　　　　　　　（刻んでおく）
グランマルニエなど、
　　オレンジのリキュール ……… 80ml
ベーキングパウダー ………… 小さじ 2
ジンジャーパウダー ………… 小さじ 2
粉砂糖 ………… 140g（ふるっておく）
　　　　　　　　　　　　　＋仕上げ用
ライトコーンシロップ ……… 大さじ 1
卵 ……………………………… 4 個
オレンジの皮のすりおろし … 1 個分
生姜 …… 7.5cm（皮をむき、すりおろす）
アーモンドエクストラクト ……… 小さじ ½
牛乳 …………………………… 120ml

（8 人分）

（作り方）

オーブンを180℃に予熱します。23×13×7.5cmのローフ型にバターを塗って小麦粉をまぶし、余分をはたき落とします。

ジンジャーの砂糖漬けとグランマルニエを小さなボウルに入れ、そのまま10分置きます。薄力粉、ベーキングパウダー、ジンジャーパウダーを合わせ、ふるっておきます。

バターを大きなボウルに入れ、中速のハンドミキサーでクリーム状になるまで1分ほど撹拌します。中高速に上げてから、ふるっておいた粉砂糖とコーンシロップを加え、白っぽくふんわりするまで4〜5分撹拌します。卵を1個ずつ加え、その都度よく撹拌したら、最後にオレンジの皮のすりおろし、生姜のすりおろし、アーモンドエクストラクトを混ぜ込みます。

ふるっておいた薄力粉類の3分の1を加え、ゴムべらで切るように混ぜます。だいたい混ざったところで牛乳の半量、残っている薄力粉類の半量、残りの牛乳の順に加え、その都度切り混ぜます。最後に残りの薄力粉類とともに、グランマルニエを吸わせたジンジャーの砂糖漬けを加えたら、粉気がなくなるまで切り混ぜて、なめらかな生地にします。混ぜすぎに注意してください。

できた生地を型に流し入れ、表面をならします。オーブンに入れ、中心に刺した串に何もついてこなくなるまで50〜60分焼きます。型のまま金網にのせて5分以上冷ましたら、金網の上にケーキを取り出し、上向きに置きなおします。ティータイムの直前に粉砂糖をふるってかけ、温かいままか、もしくは室温まで冷ましたものをいただきます。

ミニ・ヴィクトリアスポンジケーキ（Mini Victoria Sponge Cakes）

　バターたっぷりでバニラが香るこのケーキは、「ヴィクトリアサンドイッチ」の名でも知られますが、実際にヴィクトリア女王がティータイムに召しあがったとしたら、たっぷりのラズベリージャムだけを挟んだスポンジの上に砂糖をかけたものだったはずです。そのレシピを初めて紹介したのは、1861年にロンドンで出版された『Mrs. Beeton's Household Management（ビートン夫人の家政読本）』でした。ホイップクリームやバタークリームの層もあるレシピは後年になって考えられたアレンジなのですが、グランサム伯爵家にはきっと喜んでもらえたのではないでしょうか。

（材料）

●スポンジケーキ用

無塩バター ……………… 225g ＋型用
　　　　　　　　　　（室温に戻す）
小麦粉（中力粉） ……… 250g ＋型用
ベーキングパウダー……… 小さじ1と½
塩 ……………………… 小さじ½
グラニュー糖 …………… 200g
卵 ……………… 大4個（室温に戻す）
バニラエクストラクト ……… 小さじ2

●フィリング用

高脂肪の生クリーム ………… 300ml
粉砂糖 …………………… 大さじ2
いちごジャム、または
　ラズベリージャム ……………… 210g

粉砂糖 ………………………… 仕上げ用

（小サイズ12個分）

（作り方）

スポンジケーキを作ります。オーブンに29×43cmの天板を入れ、180℃に予熱します。180mlのラメキン型12個か、12個用のミニサンドイッチ型（円柱形のミニスポンジケーキが一度に焼ける専用の型）に薄くバターを塗ります。

小麦粉、ベーキングパウダー、塩を小さなボウルに入れ、泡立て器で混ぜ合わせます。別の大きなボウルにバターを入れ、中速のハンドミキサーでクリーム状になるまで1分ほど攪拌します。グラニュー糖を加えて中高速に上げ、白っぽくふんわりするまで2〜3分攪拌します。卵を1個ずつ加えてその都度よく攪拌し、最後の卵を入れるときにバニラエクストラクトも加えます。低速に落とし、小麦粉類を混ぜ込みます。

できた生地を型に等量（60ml程度）ずつ分け入れ、表面をならします。オーブンの天板にのせて17〜19分焼きます。1つか2つ中心に串を刺してみて、何もついてこなくなれば焼きあがりです。

天板ごと金網にのせ、15分冷まします。刃の薄いナイフを型の内側に沿わせて側面を外し、金網の上で返してスポンジケーキを取り出します。上向きに置きなおし、完全に冷まします。ミニサンドイッチ型の場合も同様に、側面を外してから金網の上で型から出し（型の底が抜けるタイプであれば、底を押しあげて取り出すことができます）、上向きに置きなおして完全に冷まします。

〈続く〉

歴史こぼれ話

ヴィクトリアスポンジが現在の形になったのは、アルフレッド・バードという科学者が1843年に発明したベーキングパウダーのおかげです。ヴィクトリア女王のお口にも合うケーキとして、たちまちティータイムを代表するおもてなしの一品となりました。

〈作り方続き〉

スポンジケーキを冷ましている間にフィリングを作ります。生クリームと粉砂糖をボウルに入れ、中速のハンドミキサーを使ってかたいツノが立つまで2〜3分泡立てたら、丸か星形の口金をつけた絞り袋に詰め、袋の上部をひねって閉じます。すぐに絞り出さない場合は冷蔵庫に入れますが、2時間以内に使ってください。

ティータイムの直前に、パン切り包丁を使ってスポンジを水平に2等分します。下半分だけを作業台に並べ、切断面に生クリームを等量ずつ絞り出します。ふちに沿って絞ってから中を埋めましょう。その上にジャムを大さじ1ほどのせ、丁寧に塗り広げたら、上半分のスポンジを切断面が下になるように重ねます。粉砂糖をふるってかければ完成です。

マデイラケーキ（Madeira Cake）

　19世紀半ばから20世紀にかけて人気の高かったこのケーキは、昔からポルトガル領マデイラ島特産のアルコール強化ワインとセットで楽しまれてきたことから、その名で呼ばれています。マデイラワインの持つ素焼きナッツやキャラメル、フルーツの香りが、ケーキのかすかなレモンの風味と実によく合うのです。ダウントンでも、マデイラケーキはワインともども頻繁にティーテーブルに登場しています。ワインは、たいていカットグラスのデカンタに入っていますよ。

（材料）

無塩バター ……… 115g（溶かして冷ます）
　　　　　　　＋型用（室温に戻す）
微粒グラニュー糖 ……… 170g ＋型用
小麦粉（中力粉）………………………… 125g
レモンの皮のすりおろし ……… 大 1 個分、
　　　　　　　　　または小 2 個分
ベーキングパウダー ……… 小さじ ½
卵 ……………………………………………… 3 個

（8 人分）

（作り方）

オーブンを180℃に予熱します。21.5×11.5×6cmのローフ型にバターを塗って、薄く微粒グラニュー糖をまぶし、余分をはたき落とします。

小麦粉、レモンの皮のすりおろし、ベーキングパウダーを小さなボウルに入れ、泡立て器で混ぜ合わせます。別の大きなボウルに卵を入れ、もったりとしたクリーム状になるまで泡立てます。さらに泡立て続けながら少しずつ微粒グラニュー糖を加えていき、しっかり混ぜ込みます。続けて溶かしバターもゆっくり少量ずつ加えていき、混ぜ込みます（または中高速のハンドミキサーを使い、卵を泡立て、そこに微粒グラニュー糖、バターの順に加えていきながら攪拌します）。ほかの材料と混ぜておいた小麦粉を加え、切るようにやさしく混ぜ込みます。

準備しておいた型に生地を流し入れ、卵がしぼまないうちに手早くオーブンに入れて、中心に刺した串に何もついてこなくなるまで30分ほど焼きます。型のまま金網にのせて10分冷まし、粗熱がとれたら慎重に型から出します。上向きで金網にのせ、完全に冷めてからティーテーブルに出します。

シムネルケーキ（Simnel Cake）

　シムネルケーキという名前の由来はラテン語にあるようです。古代ローマ時代、イースト菌を使ったパンを作るのに使われていたのが、「シムラ」というグレードの小麦粉だったのです。シムネルケーキはその後、中世までにイースターと結びつけられ、20世紀には、中の層にも外の飾りにもマジパンを使った軽いフルーツケーキの姿に落ち着きました。このレシピが伝わる地域では、ケーキの上にふちを波打たせた大きなマジパンをのせ、イエスの弟子を表す11のボールを並べます。

（材料）

●マジパン用

アーモンドプードル……………… 225g

微粒グラニュー糖………………… 225g

卵…………………………… 1個（といておく）

オレンジフラワーウォーター……… 小さじ1

レモン果汁………………………… 小さじ1

アプリコットかヘーゼルナッツの
　シュナップス（無色透明でアルコール
　度数が高い蒸留酒）…………… 小さじ1

●ケーキ用

有塩バター………………… 145g ＋型用
　　　　　　　　　　　　（室温に戻す）

小麦粉（中力粉）…… 235g ＋打ち粉用

ジンジャーパウダー……………… 小さじ2

シナモンパウダー……………… 小さじ½

ベーキングパウダー…………… 小さじ½

微粒グラニュー糖………………… 150g

卵………………………………………… 4個

牛乳……………………………………… 80ml

ドライカランツ………………………… 210g

ドライアプリコット…… 115g（刻んでおく）

オレンジとレモンの皮の
　砂糖漬け………… 115g（刻んでおく）

レモンの皮のすりおろし………… 小さじ1

オレンジの皮のすりおろし……… 小さじ1

（12 〜 14 人分）

（作り方）

マジパンを作ります。アーモンドプードル、微粒グラニュー糖、卵、オレンジフラワーウォーター、レモン果汁、シュナップスをボウルに入れてしっかり混ぜ合わせ、伸ばしやすいかたさにします。できたらラップに包み、必要になるまで冷蔵庫に入れておきます。

オーブンを180℃に予熱します。20cmの丸い焼き型の底と側面にバターを塗り、2重にしたクッキングシートを敷いてから、さらにたっぷりバターを塗ります。

ケーキ生地を作ります。小麦粉、ジンジャー、シナモン、ベーキングパウダーをボウルに入れ、泡立て器で混ぜ合わせます。別の大きなボウルにバターを入れ、中速のハンドミキサーでクリーム状になるまで1分ほど撹拌します。中高速に上げて微粒グラニュー糖を加え、白っぽくふんわりするまで2〜3分撹拌します。中速に戻し、卵と粉類を交互に加えていきます。卵を1個入れては粉類を3分の1入れ、入れるたびによく混ぜてください。卵で始まり、卵で終わるはずです。牛乳を加えてさらに混ぜ、最後にドライカランツ、ドライアプリコット、オレンジとレモンの皮の砂糖漬けとすりおろしを加え、偏りのないように混ぜ込みます。

軽く打ち粉をした作業台にマジパンの3分の1をのせ、焼き型と同じ直径20cmに丸く伸ばします。準備しておいた型にまずケーキ生地の半分を流し入れ、その上に伸ばしたマジパンを注意深く重ね、残りのケーキ生地を流し込んだら表面をならします。

〈続く〉

アティカス：甘いものに目がないんですね。

（ローズが笑う）

ローズ：わたしが食べるんじゃないわ。毎週火曜と木曜にロシ
ア難民の方々に配っているの。ケーキがお好きだから。

アティカス：ぼくも好きですよ。

〜シーズン5・エピソード5

レシピメモ

マジパンを作るのが大変な
ら、市販のマジパンペースト
（500g）を使いましょう。

〈作り方続き〉

オーブンに入れ、2時間ほど焼きます。串を（マジパンの部分ではなく）上
半分の生地の中心に刺してみて、何もついてこなければ焼きあがりです。
ケーキの様子に注意して、上面が焦げそうになったらアルミホイルをかぶ
せてください。焼きあがったら型のまま金網にのせて10〜15分冷まし、
粗熱がとれたら金網の上で返して型から出し、クッキングシートをはがしま
す。再びケーキを上に向け、完全に冷まします。

ケーキが冷めたら皿に移します。必要に応じてパン切り包丁をのこぎり
のように使い、上面を平らにカットしてから皿に移してください。残りの
マジパンを2等分し、うち1つを麺棒で直径25cmに丸く伸ばしてケーキの
上にのせ、片手の親指と両手の人差し指でふちを美しく波打たせます。
もう1つのマジパンは11等分にしてボール状に丸め、ケーキのふちに沿っ
て並べます。調理用バーナーを使い（あるいは予熱したオーブンなどに
さっと入れ）、マジパンに焼き色をつけます。くさび形に切っていただきま
す。

レモンタルト（Lemon Tarts）

　19世紀後半から20世紀初頭のアフタヌーンティーでは、レモンカードがジャムと並ぶ選択肢として確固たる存在感を放っていました。しかも、ジャムと違って卵を使っているので、長期の保存には冷蔵する必要があり、貴重品でもありました。サクッとした小さなタルト台にレモンカードを詰めたこのレシピは、これぞアフタヌーンティーという一品です。

（材料）

●タルトペイストリー用

小麦粉 (中力粉) ……… 155g ＋打ち粉用

砂糖 …………………… 大さじ 3

塩 …………………… 小さじ ¼

冷えた無塩バター ……………… 140g
（10片ほどに切り分ける）

卵黄 ……………………… 1 個

氷水 ……………… 大さじ 1 と ½
（必要に応じて増量する）

レモンカード (p.134 参照) ……… 250g

ベリー類、レモンの薄切り、
　　エディブルフラワーなど ……… 飾り用

粉砂糖 ……………… 仕上げ用 (お好みで)

（7.5cm のもの 16 個分）

ティーマナー

『ダウントン・アビー』のティーテーブルにも、よく小さなケーキやタルトがのっていますね。こうしたものは「フィンガーフード」と呼ばれ、ナイフとフォークを使わずに手で食べてかまわないことになっています。

（作り方）

タルトペイストリー生地を作ります。小麦粉、砂糖、塩をボウルに入れ、泡立て器で混ぜ合わせます。そこにバターを散らし、指先かナイフ2本、もしくはペイストリーブレンダーを使ってすり合わせ、そぼろ状にします。卵黄と水を小さなボウルで混ぜ合わせ、小麦粉類のボウルに加えたら、全体がしっとりするまでフォークで混ぜます。生地を触ってみて、ひとまとめにできる湿り気があることを確認してください。まとまらないようであれば水を数滴足し、必要なかたさにします。大きなラップに生地をのせて上面にもラップをかけ、なめらかな円盤状に整えます。ラップのまま冷蔵庫に入れ、1時間から一晩寝かせます。

タルト台を作ります。長さ7.5cmの舟形タルト型を16個用意します。軽く打ち粉をした作業台に生地をのせ、厚さ6mmほどに伸ばします。直径7.5cmくらいの抜き型を使い、できるだけたくさんの円形を抜きます。抜いた生地をタルト型に入れ、底と側面に丁寧に貼りつけたら、はみ出した部分を切り落とします。残った生地を集めて伸ばし、同様に抜いて型すべてに敷いたら、天板に並べて冷蔵庫に30分ほど入れ、しっかり冷やします。残り15分ほどのところでオーブンを190℃に予熱し始めます。

冷えた生地全体にフォークの先で穴をあけてからオーブンに入れ、黄金色になるまで12〜14分焼きます。型のまま金網にのせ、完全に冷まします。

冷めたタルト台を慎重に型から外し、レモンカードを詰めて平らにならします。果物や花を飾り、お好みで粉砂糖をふるってかければ完成です。

マルメロのタルト（Quince Tart）

　1275年、エドワード1世がロンドン塔にマルメロ（黄褐色でかたく、酸味のあるバラ科の果物）の木を4本植えました。記録にある限り、これがイギリスにおけるマルメロ栽培の最初です。以降、香り高いマルメロのジャムやゼリー、パイ、タルトのレシピが残されるようになり、1701年の『The Whole Duty of a Woman（女性の仕事のすべて）』にも、上面の生地に手の込んだ飾り切りをほどこしたマルメロパイが取りあげられています。ここでご紹介するのは、スライスした果肉を詰め、アプリコットジャムを塗っただけのシンプルなタルト。ダウントンでは所領で栽培したマルメロを使っていたのかもしれませんね。

（材料）
タルトペイストリー生地（p.75 参照）

水 ························· 600ml
砂糖 ························ 300g
シナモンスティック（長さ約5cm）······ 1本
レモンの皮のすりおろし ······ 小さじ1
マルメロ ···················· 3個
アプリコットジャム ············ 140g

（12人分）

（作り方）
手順に従ってタルトペイストリー生地を作り、冷やしておきます。

タルト台を作ります。軽く打ち粉をした作業台に生地をのせ、直径30cm、厚さ6mmほどに丸く伸ばします。麺棒に生地を巻いて、側面が波になった底の抜ける23cmタルト型に中心を合わせてかぶせ、余分はそのままはみ出させておきます。生地を底と側面に貼りつけたら、はみ出している生地を12mmだけ残して切り落とします。残した12mmの生地を内側に折り返し、しっかり押しつけて側面を厚くします。冷蔵庫に30分ほど入れて冷やし、残り15分ほどのところでオーブンを190℃に予熱し始めます。

冷えた生地にクッキングシートを敷き、重石か乾燥小豆を詰めてからオーブンに入れて、ふちが色づき始めるまで15分ほど焼きます。触ってみて、からりとしていればオーブンから出します。クッキングシートごと重石を取り除いてから180℃に下げたオーブンに戻して、黄金色になるまでさらに10〜15分焼きます。型のまま金網にのせ、完全に冷まします。

フィリングを作ります。水、砂糖、シナモンスティック、レモンの皮のすりおろしを片手鍋に入れ、中火にかけます。混ぜながら沸騰させて砂糖を溶かし、溶けたら弱火に落として静かに煮立たせます。

トーマス：母親が聞いたらなんて言うでしょうね。
未来のグランサム伯爵にお茶を振る舞っただなんて。

マシュー：何が大事で何が大事でないか、戦争は教えて
くれる。

〜シーズン2・エピソード1

皮をむいたマルメロを2つに割り、芯を取り除いて8等分のくし切りにして、片手鍋のシロップに入れます。シロップに半ば浸かった状態で、つぶれない程度にやわらかくなるまで1時間ほど煮ます。火からおろし、完全に冷めるまで待ってからマルメロを引きあげ、ペーパータオルで水分を取ります。煮汁も残しておきます。

マルメロを縦に2〜3片にスライスします。煮汁を60ml取り分け、アプリコットジャムとともに小さな厚手の片手鍋に入れ、強火にかけて沸騰させたら、どろりと重いグレーズになるまで数分間煮ます。目の細かい漉し器に通し、耐熱皿に移します。

冷めたタルト台を缶や伏せたボウルの上にのせ、型の側面を慎重におろして外します。幅広のオフセットスパチュラを使って底も外し、盛り皿に移します。

タルト台の底に温かいグレーズを薄くひと塗りし、スライスしたマルメロを少しずつずらしてきれいに並べます。マルメロの表面に残りのグレーズを丁寧に塗ったら完成です。なるべく早くいただきます。

ベイクウェルタルト（Bakewell Tart）

　アーモンドとジャムを詰めたこのタルトは、まさにイギリスの宝。究極のお茶菓子といっても過言ではないかもしれません。ダービシャーにあるベイクウェルという町で生まれたことからこの名がついたようなのですが、正確な由来はわかっていません。ジャムの種類を変えたり、甘いグレーズをかけたりしてもかまいませんが、その場合、ミセス・パットモアなら別の名前で呼ぶでしょうね。

（材料）
タルトペイストリー生地（p.75 参照）

無塩バター ……………… 115g ＋型用
（室温に戻す）

砂糖 ………………………………100g

アーモンドエクストラクト、またはバニラ
　エクストラクト……… 小さじ ½（お好みで）

塩 ………………………… ひとつまみ

卵 ………………… 2 個（室温に戻す）

アーモンドプードル……………140g

ラズベリージャム、
　またはいちごジャム …………140g

スライスアーモンド …… 大さじ 3（お好みで）

（12 人分）

（作り方）
手順に従ってタルトペイストリー生地を作り、冷やしておきます。

タルト台を作ります。側面が波になった底の抜ける23cmタルト型を用意し、薄くバターを塗っておきます。軽く打ち粉をした作業台に生地をのせ、直径30cm、厚さ6mmほどに丸く伸ばします。麺棒に生地を巻き、タルト型に中心を合わせてかぶせます。余分はそのままはみ出させておきます。生地を底と側面に貼りつけたら、はみ出している生地を12mmだけ残して切り落とします。残した12mmの生地を内側に折り返し、しっかり押しつけて側面を厚くします。冷蔵庫に入れ、オーブンが温まるまで15～20分冷やします。

オーブンを180℃に予熱します。

冷えた生地にクッキングシートを敷き、重石か乾燥小豆を詰めてからオーブンに入れて20分ほど焼きます。ふちに薄く焼き色がついたらオーブンから出し、クッキングシートごと重石を取り除いてからオーブンに戻して、淡い黄金色になるまでさらに7～9分焼きます。オーブンから出して金網にのせ、オーブンは180℃のままにしておきます。

フィリングを作ります。バター、砂糖、アーモンドエクストラクト、塩をボウルに入れ、中速のハンドミキサーで白っぽくふんわりするまで2～4分攪拌します。卵を1個ずつ加えてその都度よく攪拌したら、中低速に落とし、アーモンドプードルを混ぜ込みます。

〈続く〉

〈作り方続き〉

温かいタルト台にジャムを塗り広げたら、小さなスプーンで丁寧にフィリ
ングを詰め、表面をならします。お好みでスライスアーモンドを散らしてか
らオーブンに入れ、フィリングが膨らんで焼き色がつくまで35〜38分焼
きます。指で中心付近を軽く押してみて、弾力が感じられれば焼きあがり
です。型のまま金網にのせ、完全に冷まします。

冷めたタルトを缶や伏せたボウルの上にのせ、型の側面を慎重におろし
て外します。幅広のオフセットスパチュラを使って底も外したら、盛り皿
に移して完成です。

スティッキー・トフィー・プディング（Sticky Toffee Puddings）

　もともとイギリスの「プディング」は、肉を使った塩味の料理か甘いもので、通常は専用の袋に包んで茹でて作っていました。現在のイギリスで「プディング」といえば、どっしり、しっとりしたケーキを指すのが普通です。たいていは戻したドライフルーツが入っていて、蒸したり焼いたりして作ります。トフィーをかけたプディングが生まれたのは20世紀後半になってからですが、小さなラメキン型で作る似たようなプディングは、ミセス・パットモアのところでも珍しくなかったはずです。

（材料）

●プディング用

無塩バター	60g ＋型用
	（室温に戻す）
小麦粉（中力粉）	125g ＋型用
種を取り除いて刻んだデーツ	70g
ベーキングソーダ	小さじ ¾
熱湯	180ml
ベーキングパウダー	小さじ1と ¼
塩	小さじ ½
ダークブラウンシュガー（入手出来ない 場合は黒糖でもよい）	155g
卵	2個
バニラエクストラクト	小さじ2

●ソース用

無塩バター	60g
ダークブラウンシュガー	155g
高脂肪の生クリーム	180ml
バニラエクストラクト	小さじ2
塩	ひとつまみ

（8個分）

（作り方）

プディングを作ります。オーブンを180℃に予熱します。120mlのカスタードカップかラメキン型8個にバターを塗り、小麦粉をまぶして余分をはたき落としてから天板に並べます。

デーツ、ベーキングソーダ、熱湯を小さな耐熱ボウルに合わせ、そのまま冷めるまで10分ほど置きます。

小麦粉、ベーキングパウダー、塩をボウルに入れ、泡立て器で混ぜ合わせます。別の大きなボウルにバターとブラウンシュガーを入れ、中速のハンドミキサーでなめらかなクリーム状になり、白っぽくなるまで3分ほど撹拌します。卵を1個ずつ加えてその都度よく撹拌し、最後の卵を入れるときにバニラエクストラクトも加えます。小麦粉類を加えて木べらでしっかり混ぜ込んだら、デーツを漬け汁ごと加え、偏りのないように混ぜ込みます。ゆるい生地ができるので、準備しておいた型に等量ずつ、深さの3分の2ほどまで分け入れます。

オーブンに入れ、膨らんで、中心に串を刺しても何もついてこなくなるまで20分ほど焼きます。

プディングを焼いている間にソースを作ります。片手鍋にバターを入れて中火にかけ、溶けたらブラウンシュガーと生クリームを加えます。泡立て器で5分ほど混ぜ、ねっとりした状態になったらバニラエクストラクトと塩を混ぜ込みます。

プディングが焼けたらオーブンから出し、5分だけ冷まします。刃の薄いナイフを型の内側に沿わせて側面を外し、皿の上で返して型から出したら、大きなスプーンを使ってトフィーソースをかけます。流れ落ちたソースが皿にたまるくらい、たっぷりとかけましょう。すぐに出して熱いうちにいただきます。

いちじくの蒸しプディング（Steamed Figgy Pudding）

　1390年ごろに出版された『The Forme of Cury（料理の形態）』は、イギリス最古の料理本に数えられます。いちじくの（figgy）プディングの先祖とも言うべき「fygey」のレシピも収録されていて、材料はいちじくとレーズンのほか、「皮なしアーモンドの粉（中略）水とワイン、ジンジャーパウダー、澄ましたハチミツ」。それらを茹で、塩で味を調えれば完成とされています。食後やティータイムに出されるあのどっしりとした蒸しプディングは、イギリス伝統の品なのですね。ここでは現代風にアレンジしてみました。

（材料）

無塩バター ···················· 100g ＋型用
　　　　　　　　　　　　　（室温に戻す）
軸を取り除いたドライいちじく ······ 225g
ドライカランツ ······················ 70g
水 ································· 480ml
良質なサンドイッチ用白パン ······ 8 枚
　　　　　（耳を落として豆粒大にちぎる）
小麦粉（中力粉）···················· 155g
ダークブラウンシュガー ··········· 100g
卵 ··································· 3 個
牛乳 ······························ 240ml
バニラエクストラクト ············· 小さじ 1
オレンジの皮の砂糖漬けを
　　刻んだもの ··················· 大さじ 2
オレンジの皮のすりおろし ········· 大さじ 1

●ホイップクリーム用
高脂肪の生クリーム ············· 350ml
グラニュー糖 ······················· 50g

（8 ～ 10 人分）

（作り方）

1.5Lの蓋つき蒸しプディング型（同じサイズのボウルなどで代用できます。必ず耐熱のものを使ってください）にバターを塗ります。

いちじく、カランツ、水を小さな片手鍋に入れ、強めの中火にかけます。沸騰したら弱火に落とし、蓋なしで20分ほど煮て、くずれない程度にやわらかくなったら火からおろします。

穴じゃくしを使い、いちじくとカランツをボウルに移します。煮汁はそのまま片手鍋に残しておきます。いちじく8〜10個を縦に2つに割り、断面を下にして型に美しく敷き詰めます。残りのいちじくは刻んでおきます。

小さくちぎった白パンと小麦粉を中くらいのボウルに入れ、泡立て器で混ぜ合わせます。別の大きなボウルにバターを入れ、中速のハンドミキサーでクリーム状になるまで1分ほど攪拌します。中高速に上げてブラウンシュガーを加え、ふわっとなるまで2〜3分攪拌します。卵を1個ずつ加えてその都度よく攪拌したら、牛乳とバニラエクストラクトも加えて混ぜ込みます。ゴムべらに変え、オレンジの皮の砂糖漬けとすりおろし、カランツ、いちじくを混ぜ込んでから、小麦粉類を2回に分けて加え、粉っぽい筋がなくなるまで切るように混ぜます。できた生地を型に流し入れ、蓋を閉めます。

メアリー：（シビルに向かって）まったく、いつまで
たってもお子様ね。お伽噺じゃあるまいし、
あなたが運転手と結婚して、みんな仲良く
お茶でも飲めると思ってるの？

〜シーズン２・エピソード４

蓋のできる大鍋の底にラックをセットし、プディング型を入れたら、型の
高さの半ばほどまで熱湯を張ります。強火にかけ、沸騰したら弱めの中
火に落として蓋をし、2時間じっくり蒸します。湯量を保つように注意し、
必要に応じて熱湯を足してください。

蒸しあがったら湯から慎重に型を引きあげ、そのまま15分休ませます。

プディングを休ませている間に、ホイップクリームとシロップを作ります。
生クリームをボウルに入れて中速のハンドミキサーで泡立て、ゆるいツノ
が立つようになったらグラニュー糖を少しずつ加えながら、かたいツノが
立つまでさらに泡立てます。できたホイップクリームは覆いをして、使うと
きまで冷蔵庫に入れておきます。

残しておいたいちじくの煮汁を強火にかけ、5分ほど煮詰めて120mlにし
ます。できたシロップは保温しておきます。

蓋を外したプディング型を盛り皿の上で返し、底を軽く叩いてプディング
を落とします。くさび形に切り分けて銘々皿に移したら、少量のシロップ
をかけてホイップクリームをのせます。

バタフライケーキ（Butterfly Cakes）

　昔からカップケーキと言えばアメリカですが、イギリスにも少し上品ないとこがいます。トッピングは少量のホイップクリームとジャム、それからケーキの膨らみを利用して作った魅惑的な「羽」。何時のお茶にもぴったりの、繊細でかわいらしいミニカップケーキです。

（材料）

●ケーキ用

小麦粉（中力粉）	215g
ベーキングパウダー	小さじ1と¼
塩	小さじ ½
無塩バター	115g（室温に戻す）
グラニュー糖	150g
卵	2個（室温に戻す）
バニラエクストラクト	小さじ ½
牛乳	120ml

●トッピング用

高脂肪の生クリーム	120ml
粉砂糖	大さじ1 +仕上げ用（お好みで）
いちごジャム、または ラズベリージャム	大さじ1

（小サイズ12個分）

（作り方）

ケーキを作ります。オーブンを180℃に予熱し、標準サイズ（内径7cm）のマフィン型12個に敷き紙をセットします。

小麦粉、ベーキングパウダー、塩を小さなボウルに入れ、泡立て器で混ぜ合わせます。別の大きなボウルにバターを入れ、中速のハンドミキサーでクリーム状になるまで1分ほど攪拌します。グラニュー糖を加えて中高速に上げ、白っぽくふんわりするまで2〜3分攪拌します。卵を1個ずつ加えてその都度よく攪拌し、最後の卵を入れるときにバニラエクストラクトも加えます。低速に落とし、小麦粉類の半量ほどを混ぜ込みます。次に牛乳を混ぜ込んでから、最後に残りの小麦粉類を混ぜ込みます。

できた生地を準備しておいた型に分け入れ、表面をならします。オーブンに入れ、中心に刺した串に何もついてこなくなるまで17〜19分焼きます。型のまま金網にのせて15分冷ましたら、型から出して上向きに金網に置き、完全に冷まします。

トッピングを作ります。生クリームと粉砂糖をボウルに入れ、中速のハンドミキサーでかたいツノが立つまで2〜3分泡立てます。すぐに使わない場合は覆いをして冷蔵庫に入れますが、2時間以内に使ってください。

ティータイムの直前に仕上げをします。上面の膨らんだ部分をパン切り包丁で薄く切り取り、半分にカットして「羽」を作ります。スプーン（もしくは丸口金をつけた絞り袋）を使い、切り取った上面にホイップクリームをのせます。その中央に少量のジャム（約小さじ¼）を落としたら、羽の断面を下にして、ジャムを挟むようにしてホイップクリームに差し込みます。羽らしく見えるよう、少し角度をつけて差しましょう。お好みで粉砂糖をふるってかければ完成です。

ローズとバニラのフェアリーケーキ (Rose & Vanilla Fairy Cakes)

　イギリスのティータイムの定番である昔ながらのフェアリーケーキは、子どもたちも大好き。現代のカップケーキと似ていますが、もう少し小さくて繊細で、飾りに趣向を凝らしたかわいらしいスポンジケーキです。ただし、今ではカップケーキサイズのフェアリーケーキも多いですし、スポンジケーキではなくバターケーキで作られていることも少なくありません。ここで紹介するのはピンクのフロスティングのプチケーキ。レシピではピスタチオと粉砂糖で仕上げていますが、スパークリングシュガー（色のついたザラメ糖）やフロスティングフラワー（糖衣で作った花）、薔薇の花びら、エディブルフラワーなどで飾ってもいいですね。

（材料）

●ケーキ用

膨らし粉入り小麦粉 (セルフライジングフラワー。または中力粉 180g +ベーキングパウダー小さじ2と¼)	185g
コーシャーソルト	ひとつまみ
無塩バター	170g
グラニュー糖	150g
ローズウォーター	大さじ1
バニラエクストラクト	小さじ1と½
卵	3個

●フロスティング用

無塩バター	115g (少し室温に戻す)
粉砂糖	340g (ふるっておく)
コーシャーソルト	ひとつまみ
ローズウォーター	大さじ1
バニラエクストラクト	小さじ1
食用着色料 (ピンク)	3滴
細かく刻んだピスタチオ	大さじ2 (お好みで)
粉砂糖	仕上げ用 (お好みで)

（小サイズ12個分）

（作り方）

ケーキを作ります。オーブンを180℃に予熱し、標準サイズ（内径7cm）のマフィン型12個に敷き紙をセットします。

膨らし粉入り小麦粉（手に入らない場合は小麦粉とベーキングパウダー）とコーシャーソルトを合わせ、ふるっておきます。バターとグラニュー糖を大きなボウルに入れ、中高速のハンドミキサーでふわっと軽くなるまで3分ほど撹拌します。ローズウォーターとバニラエクストラクトを混ぜ込み、中速に落としてから卵を1個ずつ加え、その都度よく撹拌します。低速に落とし、小麦粉類を少しずつ加えて混ぜ込みます。

できた生地をスプーンですくい、準備しておいた型に分け入れます。オーブンに入れ、黄金色になり、中心に刺した串に何もついてこなくなるまで15～20分焼きます。型のまま金網にのせ、完全に冷めたら型から出します。

フロスティングを作ります。バターと粉砂糖、コーシャーソルトをボウルに入れ、中速のハンドミキサーでなめらかなクリーム状になり、ふわっとするまで2～3分撹拌します。ローズウォーター、バニラエクストラクト、着色料を加え、色ムラがなくなるまで撹拌します。

小さな星口金をつけた絞り袋にフロスティングを詰めたら、袋の上部をひねって閉じ、カップケーキの上面に絞り出します。お好みでピスタチオを散らし、粉砂糖をふるってかけましょう。

ヘーゼルナッツダックワーズ（Hazelnut Dacquoise）

「ダックワーズ」という言葉はナッツ入り焼きメレンゲを指すことも、それを重ねた菓子を指すこともあります。イギリスでは例によって、19世紀にフランス人の菓子職人によって広められました。ここでご紹介するのは3段になった大きなダックワーズ。放射状に細く切り分ければ、ティータイムのお供にぴったりです。同じ材料で小さいメレンゲを焼いてバタークリームを挟めば、一口サイズのお茶菓子にもなりますよ。

（材料）

●ダックワーズ生地用

無塩バターと小麦粉	型用
皮なしの素焼き ヘーゼルナッツ	185g＋35g
グラニュー糖	200g
ダッチプロセスココアパウダー （中和処理を施したまろやかで癖のない ココア）	大さじ3
コーンスターチ	大さじ2
卵白	6個分（室温に戻す）
バニラエクストラクト	小さじ1

●バタークリーム用

無塩バター	450g（室温に戻す）
粉砂糖	340g
バニラエクストラクト	小さじ1
ヘーゼルナッツエクストラクト	小さじ1
コーシャーソルト	小さじ⅛
粉砂糖	仕上げ用

（8〜10人分）

（作り方）

ダックワーズを作ります。オーブンを150℃に予熱し、28×43cmの天板2枚の底と側面に薄くバターを塗ります。天板の底と同じ大きさに切ったクッキングシートを2枚用意し、それぞれに直径20cmのケーキ型を使って円を2つ描いたら、裏返して天板に敷き、その上からさらにバターを塗ります。全体に小麦粉をまぶし、余分をはたいて落とします。円が透けて見える状態にしてください。

フードプロセッサーかミキサーにヘーゼルナッツ185g、グラニュー糖100g、ココアパウダー、コーンスターチを入れ、ヘーゼルナッツが粉状になるまで回します。

卵白を大きなボウルに入れ、中高速のハンドミキサーでゆるいツノが立ち、かさが3倍になるまで泡立てます。そのまま中高速で泡立て続けながら、残り100gのグラニュー糖を少しずつ加えていき、バニラエクストラクトも混ぜ込んで、かたいツノが立ち、つやのあるメレンゲにします。泡立てすぎるとボソボソしてしまうので注意してください。

フードプロセッサーにかけたヘーゼルナッツ類をメレンゲに加えます。ゴムべらを使って慎重に、かつ手際よく、できるだけ少ない回数で切るように混ぜ合わせたら、12mmの丸口金をつけた絞り袋に詰め、袋の上部をひねって閉じます。

準備しておいた天板に生地を絞り出します。円の中心の真上に絞り袋を構え、中心から円のふちまで、渦巻き状に隙間なく絞り出していきましょう。2つ目の円も絞り出したら、絞り袋に生地を補充し、2枚目の天板にも同様に絞り出します。4つ目の円も可能な限り同じ大きさになるよう、生地をぎりぎりまで使ってください。

レシピメモ

バタークリームをガナッシュに代えれば、チョコレート&ヘーゼルナッツ版のダックワーズも作れます。まず、ビタースイートかセミスイートのチョコレート340gを細かく刻み、無塩バター60gとともに耐熱ボウルに入れておきます。生クリーム240mlを片手鍋に入れて強めの中火にかけ、沸騰したらすぐに火からおろし、チョコレートとバターのボウルに注ぎ入れます。金属の泡立て器で混ぜてなめらかになったら、塗りやすいかたさになるまで冷ましましょう。

オーブンに入れ、乾燥して色づき始めるまで50〜60分焼きます。ちゃんと焼ければ上面がかたくなりますが、温かいうちは少しやわらかく感じられるかもしれません。天板ごと金網にのせて完全に冷ませば、次第にサクッとしてきます。

バタークリームを作ります。ボウルにバターを入れ、中速のハンドミキサーでクリーム状になるまで2分ほど攪拌します。粉砂糖、バニラエクストラクト、ヘーゼルナッツエクストラクト、コーシャーソルトを加えたら中高速に上げ、しっかり混ぜ合わせます。必要に応じて途中でハンドミキサーを止め、ボウルの側面についたクリームをこそげ落としてください。できあがったら覆いをして冷蔵庫に入れておきます。

ダックワーズを組み立てます。焼けた生地をクッキングシートから慎重にはがし、パン切り包丁をのこぎりのように使って3枚を同じ大きさに揃えます。切り落とした部分は4枚目とともに麺棒で砕き、細かく刻んだヘーゼルナッツ35gとともにボウルに入れておきます。

大きな皿にダックワーズを1枚のせ、アイシング用のスパチュラを使ってバタークリーム約80gを薄く塗り広げます。2枚目をのせて同様にバタークリームを塗り、最後に3枚目をのせます。残りのバタークリームを上面と側面に塗り、表面をできるだけならします。バタークリームはすべて使い切る必要はありません。

混ぜ合わせておいた砕いたダックワーズと刻んだヘーゼルナッツを手に取り、そっと押さえるようにして側面と上面につけたら、目の細かいふるいを使って粉砂糖を薄くかけます。バタークリームが残っていたら小さな星口金をつけた絞り袋に詰め、ケーキの上面に薔薇のように絞り出して並べてもよいでしょう。完成したら幅の広い金属のスパチュラを下に滑り込ませ、盛り皿に移します。

すぐに切り分けることも可能ですが、冷蔵庫に数時間入れたほうがやわらかくなり、切りやすくなります。きちんと覆って冷蔵庫に入れれば2日間もちます。よく切れるシェフナイフ（刃の湾曲した大型の包丁）かパン切りナイフでくさび形に切り分け、室温に戻したものを出します。

アーモンドケーキ（Almond Cake）

　中世のころからイギリスに輸入されていたアーモンドは、ケーキの定番材料としても長い歴史を持っています。アーモンドプードルとアーモンドエクストラクトを使ったこのケーキは、ナッツらしいコクとしっとりとした食感が楽しめるので、ティータイムにとても人気です。さくらんぼが旬の晩春には、温かいうちにしみ込ませる熱いキルシュシロップに合わせて、新鮮なさくらんぼもティーテーブルに並べるといいですね。

（材料）

●ケーキ用

無塩バター	型用
アーモンドプードル	100g
小麦粉 (中力粉)	60g
ベーキングパウダー	小さじ1
グラニュー糖	250g
卵	6個

（卵黄と卵白に分け、室温に戻す）

レモンの皮のすりおろし	1個分
アーモンドエクストラクト	小さじ1

●シロップ用

キルシュ (さくらんぼから造るブランデー)	大さじ3
レモン果汁	大さじ1
グラニュー糖	大さじ2
粉砂糖	仕上げ用

（8 ～ 10 人分）

（作り方）

オーブンを160℃に予熱します。直径23cmのスプリングフォームパン（側面にバネの留め具があり、底が外せるケーキ型）の底と側面にバターを塗り、底にクッキングシートを敷きます。

ケーキを作ります。アーモンドプードル、小麦粉、ベーキングパウダーを中くらいのボウルに入れ、泡立て器で混ぜ合わせます。別の大きなボウルにグラニュー糖、卵黄、レモンの皮のすりおろしを入れ、中速のハンドミキサーでもったり白っぽくなるまで10分ほど撹拌します。混ぜ合わせておいた粉類とアーモンドエクストラクトを加え、木べらでしっかり混ぜ込みます。

きれいなボウルときれいなハンドミキサーを使い、卵白を泡立てます。ゆるいツノが立ったら、ゴムべらを使って先ほどのボウルに加え、白い筋がなくなるまで切るように混ぜます。

できた生地を型に流し入れ、表面をやさしくならします。オーブンに入れて1時間ほど焼き、そっと触ってみて、弾力が感じられれば焼きあがりです。金網にのせ、型の側面を外します。

シロップを作ります。キルシュ、レモン果汁、グラニュー糖を小さな片手鍋に入れて中火にかけ、かき混ぜながらグラニュー糖を溶かします。熱々になったら火からおろし、焼きたてのケーキにまんべんなく塗って完全に冷まします。

ティータイムの直前に粉砂糖をふるいかけます。

くるみのトルテ（Walnut Torte）

1870年代には裕福であろうが貧しかろうが、誰もがアフタヌーンティーを自宅で楽しんでいました。なかでも中流階級の人々は、上流階級のたしなみを真似するのに夢中になったものです。その後、エドワード朝になるとティールームがそこここにでき、アフタヌーンティーは家の中で楽しむだけのものではなくなりましたが、外で提供される甘いものは、そのお店の洗練度によってずいぶん様子が異なっていました。ここで紹介する正統派トルテは、最高級ティールームで出しても恥ずかしくない一品です。

（材料）

くるみ、またはピーカンナッツ……… 200g

小麦粉（中力粉）……………… 大さじ2

塩 ………………………………… 小さじ¼

卵 ………………………………… 6個
（卵黄と卵白に分け、室温に戻す）

砂糖 ……………………………… 140g

（10 〜 12 人分）

（作り方）

オーブンを160℃に予熱します。直径23cmのケーキ型の底にクッキングシートを敷きます。

くるみ、小麦粉、塩をフードプロセッサーに入れ、くるみが粉状になるまで回します。回しすぎに注意してください。

卵黄と砂糖70gを大きなボウルに入れ、中高速のハンドミキサーを使い、もったり白っぽくなるまで3〜5分撹拌します。プロセッサーの粉類を加え、粉っぽい部分がなくなるまで切るように混ぜます。

別の大きなボウルときれいなハンドミキサーを使い、卵白を中速で泡立てます。ふんわりし始めたら残っている砂糖の3分の1ほどを加え、全体が白く不透明になるまで泡立て続けます。残っている砂糖の半量ほどを加えてさらに泡立て、かさが増し、心持ちしっかりしてきたところで残りの砂糖を加えます。高速に上げ、ゆるいツノが立つまで泡立てます。少々だれて感じられる状態です。ゴムべらを使って3分の1を先ほどのボウルに移し、切るように混ぜ込んだら、残り3分の2も加え、白い筋がなくなるまで切るようにやさしく混ぜます。

できた生地を型に流し入れ、表面をならします。オーブンに入れ、軽く色づき、中心に刺した串に何もついてこなくなるまで35〜40分焼きます。型のまま金網にのせ、完全に冷まします。

刃の薄いナイフを型の内側に沿わせて側面を外し、皿の上に返して型から出します。クッキングシートをはがしたら上向きに置きなおし、くさび型に切り分けてから出します。

プラムバターケーキ（Plum Butter Cake）

　1843年にイギリスで発明されたベーキングパウダーにより、焼き菓子の可能性は突如として大きく開けました。同量のバター、小麦粉、砂糖、卵で作る昔ながらのパウンドケーキまでもが影響を受け、ふわっとしたバターケーキへと変身したのです。ここでご紹介するのも、そうしたバターたっぷりのティーケーキ。ダウントンではヴィクトリアやファーレイといった良質の調理用プラムを、それもおそらくは自家菜園（キッチンガーデン）でとれたものを使って、このプラムバターケーキを作っていたことでしょう。

（材料）

無塩バター	225g ＋型用
	（室温に戻す）
小麦粉 (中力粉)	185g
ベーキングパウダー	小さじ1
塩	小さじ¼
砂糖	150g ＋大さじ1
卵	2 個
プラム	6〜8 個／約 450g
	（種を取り除いて厚めにスライスする）
シナモンパウダー	小さじ¼

（6 人分）

（作り方）

オーブンを180℃に予熱します。直径23cmの丸いケーキ型か一辺20cmの角型にバターを塗り、底にクッキングシートを敷いてから、さらにバターを塗ります。

小麦粉、ベーキングパウダー、塩を合わせ、ふるっておきます。別のボウルにバターを入れ、中速のハンドミキサーでクリーム状になるまで1分ほど撹拌します。中高速に上げて砂糖150gを加え、白っぽくふんわりするまで2〜3分撹拌します。卵を1個ずつ加えてその都度よく撹拌したら、低速に落とし、小麦粉類を混ぜ込みます。

できた生地を型に流し入れ、表面をならしてからプラムを埋め込みます。全体を覆うように隙間なく並べましょう。シナモンと砂糖大さじ1を小さなボウルに合わせ、プラムの上からまんべんなくふりかけます。

オーブンの下段に入れ、表面が黄金色になり、側面が型から外れてくるまで50〜60分焼きます。中心に刺した串に何もついてこなければ焼きあがりです。型のまま金網にのせて30分ほど冷まし、温かいうちにいただきます。

レモンドリズルケーキ（Lemon Drizzle Cake）

　最古に数えられるレモンケーキのレシピが、1868年にロンドンとニューヨークで出版された『Warne's Model Cookery and Housekeeping Book（ウォーン社のモデル料理法と家政）』に掲載されています。材料はたったの4つ、卵、小麦粉、砂糖、レモンの皮のすりおろしだけ。こちらの素敵にしっとりべたべたしたバージョンは、もうちょっと手間がかかっていますが、ナショナルトラスト（英国の自然の景観と歴史的建造物を保護する団体）が公開しているお屋敷のティールームでは定番ですし、イギリス人の愛するケーキ・トップ10の常連でもあります。

（材料）

●ケーキ用

無塩バター ……115g ＋型用（室温に戻す）

小麦粉（中力粉） ………………185g ＋型用

ベーキングパウダー …………… 小さじ1

塩 ……………………………… 小さじ½

グラニュー糖 …………………… 150g

レモンの皮のすりおろし ……… 大さじ1

卵 ……………………………………… 3個

牛乳 …………………………… 120ml

バニラエクストラクト ………… 小さじ1

●シロップ用

レモン果汁 ……………………… 大さじ3

グラニュー糖 …………………… 大さじ3

●グレーズ用

粉砂糖 …………………………… 60g

レモン果汁 ……………………… 大さじ1

（8人分）

（作り方）

オーブンを190℃に予熱します。23×13×7.5cmのローフ型にバターを塗って小麦粉をまぶし、余分をはたき落とします。

小麦粉、ベーキングパウダー、塩を合わせ、ふるっておきます。別の大きなボウルにバター、グラニュー糖、レモンの皮のすりおろしを入れ、中高速のハンドミキサーで白っぽくふんわりするまで3分ほど撹拌します。卵を1個ずつ加えてその都度よく撹拌したら、牛乳とバニラエクストラクトも混ぜ込みます。低速に落とし、合わせておいた小麦粉類を混ぜ込みます。

できた生地を型に流し入れ、表面をならします。オーブンに入れ、黄金色になり、中心に刺した串に何もついてこなくなるまで55分ほど焼きます。型のまま金網にのせて数分冷ましたら、金網の上に返して型から出します。ケーキを横倒しにして、シロップができるまで冷ましておきます。

シロップを作ります。レモン果汁とグラニュー糖を小さな片手鍋に入れ、中火にかけます。混ぜながら砂糖を溶かし、沸騰したらそのままシロップ状になるまで2分ほど煮て、火からおろします。

竹串を使い、温かいケーキの側面と底に深さ2.5cmの穴を約2.5cm間隔であけます。シロップをたっぷり刷毛に含ませ、底にも側面にも塗って穴からしみ込ませます。

グレーズを作ります。粉砂糖とレモン果汁を小さなボウルに入れ、泡立て器でなめらかになるまで混ぜます。ケーキが冷めたら上を向けて盛り皿に移し、上からグレーズを回しかけます。15分ほど置いてグレーズが固まったら完成です。

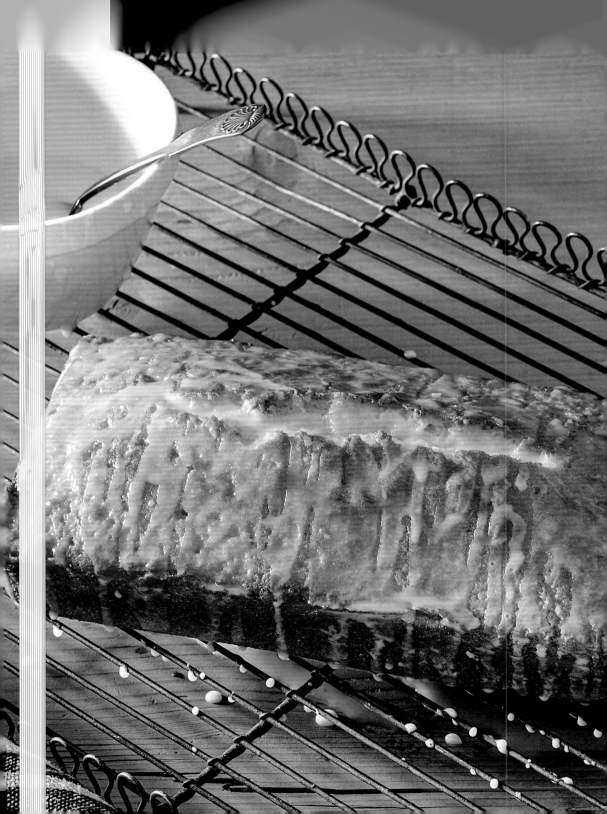

エクルズケーキ（Eccles Cakes）

　エクルズケーキを初めて正式に売り出したのは、ランカシャーのエクルズという町のパン屋。1793年のことでした。カランツのフィリングを包んだ小さなパイ菓子で、ほのかな甘みがあり、層になった軽い生地はパイとパフペイストリーの中間といったところです。一説によるとフィリング40％、生地60％という比率にすると、甘いフルーツと、バターたっぷりのサクサク生地の絶妙なバランスが実現できるのだそうですよ。

（材料）

●ペイストリー用

小麦粉 (中力粉)	250g ＋打ち粉用
グラニュー糖	大さじ 2
塩	小さじ ½
冷えた無塩バター	225g
	（角切りにする）
氷水	80ml

●フィリング用

ライトブラウンシュガー	大さじ 2
無塩バター	大さじ 2
	（十分やわらかくなるまで室温に戻す）
ミックススパイス、またはパンプキンパイスパイス	小さじ 1
レモンの皮のすりおろし	小さじ ¼
オレンジの皮のすりおろし	小さじ ¼
ドライカランツ	95g
レモンおよびオレンジの皮の砂糖漬け	35g (刻んでおく)
ブランデー、またはコニャック	大さじ 1 (お好みで)

※仕上げ用

卵白	1 個分 (といておく)
デメララシュガー	(お好みで)

（16 個分）

（作り方）

ペイストリー生地を作ります。小麦粉、グラニュー糖、塩をフードプロセッサーに入れ、混ざるまで5秒ほど回したら、その上に角切りバターを散らし、バターが粉に覆われて少し細かくなるまで2秒ほど回します。続けて水をふりかけ、湿った細かいそぼろ状になるまで7〜10秒回します。

軽く打ち粉をした作業台の上に生地を取り出し、長方形にまとめてから、必要に応じて生地や作業台に打ち粉を追加して15×45cmの縦長に伸ばします。端はきれいな直線でなくてかまいません。上下を中心線に合わせて折り込んでから、中心線で二つ折りにして15×11.5cmにします。4層になっているはずです。生地の合わせ目が右にくるように90度回転させ、もう一度同じように縦長に伸ばして折り込みます。同じ大きさの長方形に2分割（約300gずつ）してからラップに包んで冷蔵庫に入れ、2時間から一晩しっかり冷やします。

フィリングを作ります。ブラウンシュガー、バター、ミックススパイス、レモンとオレンジの皮のすりおろしをボウルに入れ、ゴムべらを使ってよく混ぜ合わせます。ドライカランツ、レモンとオレンジの皮の砂糖漬け、ブランデー（使う場合）を加え、しっかり混ぜ込みます。できたフィリングを16等分（約小さじ2ずつ）にして皿に並べ、軽く押さえて平らにします（直径約4cm）。覆いをして冷蔵庫に入れ、20分から一晩冷やします。

〈続く〉

モールズリー：一度にご婦人3人のお世話をするなんて大変だね。
ツイードにイヴニングドレスにティーガウン。

ミセス・ヒューズ：ティーガウン？　今は1890年代じゃないのよ、
モールズリーさん。

ミスター・カーソン：不幸にもな。

～シーズン5・エピソード9

〈作り方続き〉

オーブンを200℃に予熱し、天板にクッキングシートを敷きます。

軽く打ち粉をした作業台に冷えた生地の半量をのせ、厚さ5mmに伸ばします。直径10cmの抜き型を使い、できるだけたくさんの円形を抜きます。必要に応じて残った生地を集めて伸ばし、全部で8枚抜いたらラップをかけて置いておきます。残りの半量でも同じように生地を抜きます。

生地を1枚手に取って中央にフィリングをのせたら、生地のふちに刷毛でぐるりと水を塗ります。生地の端を中央に集めるようにしてフィリングを包み、ひだを寄せて閉じます。とじ目を下にして天板に置き、軽く潰して6cmほどの楕円形にします。ドライフルーツが透けて見えるかもしれません。外にはみ出してこないように気をつけましょう。卵白を薄く塗り、デメララシュガーをふりかけたら（使う場合）、上面に切れ目を3本入れます。残り15個も同様に1つずつ作り、約4cm間隔で天板に並べます。

オーブンに入れ、こんがりと色づくまで22～25分焼きます。天板ごと金網にのせ、10分以上冷まします。温かいままか、もしくは室温まで冷ましてから出しますが、おいしくいただけるのは当日中です。温めなおしたい場合は、150℃に予熱したオーブンに入れてください。

ヨークシャータルト（Yorkshire Tarts）

　こうしたタルトに入れるカスタードフィリングには、もともとはチーズ作りの過程でできるカード（凝固した乳）を残しておいて使っていました。クリーミーなカードを自分で一から作ろうと思うなら、水切りの時間をみて前日か2日前に作り始めてくださいね。『ダウントン・アビー』の舞台ヨークシャーの名物であるこのタルトがあれば、ティータイムのテーブルがいっそう輝くことでしょう。

（材料）

●フィリング用

自家製カードチーズ（右ページ）、
　または市販の全乳リコッタチーズや
　カッテージチーズ ……………… 385g

無塩バター ………… 60g（室温に戻す）

砂糖 ………………………………… 70g

全卵 ………………………………… 1個

卵黄 ………………………………… 1個

レモンの皮のすりおろし ……… 小さじ¾

ドライカランツ …………………… 35g

ナツメグパウダー………… ひとつまみ

●ペイストリー用

小麦粉（中力粉）…125g ＋打ち粉用

粉砂糖 …………………………… 大さじ3

塩 ………………………………… 小さじ¼

無塩バター ………………………… 90g
　（冷えたものを8分割する）
　　　　　　　＋型用（室温に戻す）

卵黄 ………………… 1個（といておく）

（10個分）

（作り方）

右ページの手順に従ってフィリング用のカードチーズを作ります。市販のリコッタチーズやカッテージチーズを使う場合は、ボウルにのせた目の細かいザルに入れて覆いをし、冷蔵庫で8時間から一晩かけて水切りします。

ペイストリー生地を作ります。小麦粉、粉砂糖、塩をフードプロセッサーに入れ、混ざるまで5秒ほど回します。その上にバターを散らし、そぼろ状になるまで断続運転で1〜2分回したら、卵黄を回し入れ、全体が湿るまで断続運転で10秒ほど回します。ラップを広げた上に移し、上面にもラップをかけて円盤状に整えたら、冷蔵庫に入れて30分から一晩冷やします。

標準サイズ（内径7㎝）のマフィン型10個の底と側面に薄くバターを塗り、底にクッキングシートを敷きます。生地を10等分（約20gずつ）にし、それぞれを転がしてボール状に丸めます。親指に軽く小麦粉をつけ、型の内側に生地を貼りつけます。上から3mmはあけておきましょう。10個とも貼りつけたら覆いをして冷蔵庫に入れ、20分から一晩冷やします。

オーブンを190℃に予熱します。

フィリングを作ります。水切りしたチーズ、バター、砂糖をボウルに入れ、中速のハンドミキサーを使い、しっかり混ざってクリーム状になるまで2〜3分撹拌します。全卵、卵黄、レモンの皮のすりおろしを加え、30〜60秒撹拌して混ぜ合わせます。木べらを使い、ドライカランツを偏りのないように混ぜ込みます。

冷えた生地にフィリングを等量（約60g）ずつ入れたら、それぞれにナツメグ少量をかけ、オーブンの下段に入れて21〜23分焼きます。フィリングが膨らんで型を揺すると少し動き、ペイストリーも黄金色になれば焼きあがりです。型のまま金網にのせて完全に冷ましてから、刃の薄いナイフを型の内側に沿わせ、側面を外しておきます。型ごと覆いをして冷蔵庫に1〜2時間入れ、冷やします。

大きなまな板の上で慎重に型を返し、タルトを取り出します。カスタードの面を上にして、大皿もしくは銘々皿に置きなおします。

自家製カードチーズ（Homemade Curd Cheese）

（材料）

●自家製カードチーズ用

牛乳	1.4L
塩	小さじ¼
レモン果汁	大さじ3

レシピメモ

この分量でできる自家製カードチーズは約450g。時間がない場合は、市販の全乳リコッタチーズかカッテージチーズを使いましょう。ただし、それでも8時間以上の水切りは必要です。

カードチーズを作ります。牛乳と塩を大きなステンレス鍋に入れて中火にかけ、時々かき混ぜながら加熱します。焦げつかないよう、鍋肌や底を定期的にこそげてください。沸騰したら火からおろしてレモン果汁を加え、分離するまで1分ほどかき混ぜてから、そのまま15分休ませます。

目の細かい大きなザルを大きなボウルにのせ、2重にしたチーズクロス（目の粗い綿ガーゼ）を敷きます。鍋のカード（凝固部分）をホエイ（液体部分）ごとザルにあけ、1〜2時間水切りをします。ホエイがボウルにたまっていくので、必要に応じて空にしてください。水分がほぼなくなってカードがしっかりしてきたら、ザルとボウルのセットに覆いをし、冷蔵庫で一晩かけて水切りします。翌日にはカードチーズの完成です。すぐに使わない場合は蓋つきの保存容器に入れ、冷蔵庫で保存します。3日以内に使い切ってください。

ラズベリーカスタードケーキ （Raspberry Custard Cake）

　新鮮なラズベリーの風味とバニラの香りがたまらない、シンプルな1層だけのケーキです。いちばんの自慢は、しっとりとやわらかい食感。ティータイムにぴったりなのはもちろん、ランチやディナーの締めくくりに出しても喜んでもらえます。

（材料）

●カスタード用

卵黄	3個
グラニュー糖	大さじ3
塩	ひとつまみ
牛乳	180ml
高脂肪の生クリーム	60ml
バニラエクストラクト、または 　　バニラビーンズペースト	小さじ1

●ケーキ用

無塩バター	170g ＋型用 （室温に戻す）
小麦粉 (中力粉)	220g ＋型用
ベーキングパウダー	小さじ1と½
塩	小さじ½
グラニュー糖	200g
卵	3個 (室温に戻す)
バニラエクストラクト	小さじ1と½
ラズベリー	170g
素焼きスライスアーモンド	大さじ2

（8～12人分）

（作り方）

カスタードを作ります。卵黄、グラニュー糖、塩を片手鍋に入れ、泡立て器で白っぽくなるまで1分ほど混ぜます。牛乳と生クリームを加え、30秒ほどかけてしっかり混ぜ合わせたら、弱めの中火にかけ、絶えずかき混ぜながら4～5分加熱します。スプーンの裏を覆うくらいのとろみがつき、指で描いた線が残るようになったら（調理用温度計が77℃を指したら）火からおろし、バニラエクストラクトを混ぜ込みます。小さなボウルに移したら、室温まで冷ましてから覆いをして冷蔵庫に入れ、2～3時間、最長で2日間冷やします。時間がないときはボウルを氷水に浸け、かき混ぜながら冷やしましょう。310gのカスタードができあがるはずです。

ケーキを作ります。オーブンを180℃に予熱します。一辺25cmの角型か直径25cmのスプリングフォームパンの底と側面に薄くバターを塗り、小麦粉をまぶして余分をはたき落とします。

冷えたカスタードを準備しておきます。小麦粉、ベーキングパウダー、塩を小さなボウルに入れ、泡立て器で混ぜ合わせます。別の大きなボウルにバターを入れ、中速のハンドミキサーでクリーム状になるまで1分ほど攪拌します。中高速に上げてグラニュー糖を加え、白っぽくふんわりするまで2～3分攪拌します。卵を1個ずつ加えてその都度よく攪拌し、最後の卵を入れるときにバニラエクストラクトも加えます。低速に落とし、小麦粉類の半量ほどを混ぜ込みます。次にカスタードの半量を混ぜ込んでから、最後に残りの小麦粉類を混ぜ込みます。残りのカスタードはここでは加えません。

できた生地を型に流し入れ、表面をならします。ラズベリーを散らしてから残りのカスタードを回しかけ、スライスアーモンドを飾ります。オーブンに入れ、中心に刺した串に何もついてこなくなるまで43～45分焼きます。型のまま金網にのせて20分以上冷まし、温かいものをいただきます。

グジェール（Gougères）

　アフタヌーンティーに登場するふんわりとした小さなグジェールは、フランスのブルゴーニュが発祥です。17世紀に生まれ、現地のワインセラーでは今もテイスティングのお供として好まれています。ブームとなった19世紀には、フランス中部だけのものではなくなると同時に、新しい味もいろいろ登場しました。けれども正統派のシェフはアルペンチーズ（グリュイエール、コンテ、エメンタールなど）と、バターと卵で作るコクのあるシューペイストリーという昔ながらの組み合わせを守っていましたから、ダウントンの台所でもこのレシピで作られていたはずです。

（材料）

牛乳	480ml ＋大さじ2
無塩バター	115g
塩	小さじ2
小麦粉（中力粉）	250g
卵	8個
スイスタイプのチーズ（グリュイエール、エメンタールなど）	225g
	（細かく削っておく）

（およそ48個分）

（作り方）

オーブンを190℃に予熱し、天板2枚にクッキングシートを敷きます。

牛乳480ml、バター、塩を厚手の片手鍋に入れ、強火にかけます。沸騰したら小麦粉を一度に加えて弱火に落とし、ひとまとまりになって鍋肌からきれいにはがれるまで、かき混ぜながら5分ほど加熱します。火からおろし、2分冷まします。

中速のハンドミキサーを使い、卵を1個ずつ加えていきます。1個入れるたびによく混ぜてください。8個を混ぜ終えるのに5分ほどかかります。生地にきれいなつやが出たらハンドミキサーを止め、チーズの4分の3を混ぜ込みます。

スプーンを使って直径5〜7.5cmのボール状に丸め、天板に約5cm間隔で並べます。牛乳大さじ2を刷毛で塗ってから、残りのチーズをまんべんなく散らします。

オーブンに入れ、膨らんでキツネ色になるまで30〜35分焼きます。天板ごと金網にのせ、少しだけ冷まして温かい状態で出すか、しっかり冷まして室温で出します。

チーズのブーシェ（Cheese Bouchées）

　フランス語で「一口」を意味するブーシェは、塩気もしくは甘みのあるフィリングをバターたっぷりのさくさくペイストリーで包んだもの。フランスのルイ15世がマリー妃の求めに応じて宮廷料理人に作らせ、それが隣国イギリスの上流階級にも伝わったと言い継がれています。『ダウントン・アビー』のシーズン4でも、アルフレッドがブーシェを作っていますね。いろいろな大きさのブーシェがありますが、アミューズブーシュ（食前酒とともに出すつまみ）やオードブル、カナッペに適した小さめのものは、アフタヌーンティーの一品としても喜んでもらえます。

（材料）

●ペイストリー用

小麦粉 (中力粉)	165g ＋打ち粉用
冷えた有塩バター	90g
（小さめの角切りにする）	
氷水	60 〜75ml

●フィリング用

卵	1 個
粉チーズ (熟成チェダー)	30g
粉チーズ (パルメザン)	30g
有塩バター	15g (溶かして冷ます)
カイエンペッパー	ひとつまみ (お好みで)
塩と黒コショウ	
牛乳	つなぎ用＋つや出し用

（およそ 20 個分）

（作り方）

ペイストリー生地を作ります。小麦粉をボウルに入れ、そこに角切りバターを散らします。ペイストリーブレンダーか指先を使ってすり合わせ、そぼろ状にします。適量の冷水を加えてフォークで混ぜ、ひとまとめにします。なめらかな生地にはなりません。ボール状に整えてラップに包み、冷蔵庫で20〜30分寝かせます。

続いてフィリングを作ります。ボウルで卵をとき、チーズ、バター、カイエンペッパー（使う場合）、塩と黒コショウ少々を加え、よく混ぜます。

オーブンを200℃に予熱し、天板にクッキングシートを敷いておきます。

生地を2等分し、半分はラップに包んで冷蔵庫に入れます。もう半分を軽く打ち粉をした作業台にのせ、2mmほどの厚さに伸ばしたら、直径9cmの抜き型を使って、できるだけたくさん円形の生地を抜きます。生地の片側に小さじ¾ほどのフィリングをのせます。このとき、生地のふちはあけておいてください。刷毛に含ませた牛乳をぐるりとふちに塗ってから、フィリングを包むように半月形に折り、ふちを指でつまんで閉じます。半月の両端を合わせ、指でぎゅっとくっつけます（トルテリーニを作る要領です）。すべて包み終えたら天板に移し、冷蔵庫に入れておきます。残り半分の生地でも同様に作ります。

ミセス・ヒューズ：実を言うと、ベイツさんと奥さんに
お茶を用意して、わたしの部屋を使って
もらったんです。

ミスター・カーソン：それはご親切なことだな。

ミセス・ヒューズ：ええ。でも、そうしたのには理由が
あるの。壁に通風口があるから、中の会話が全部聞こえ
るのよ。

〜シーズン2・エピソード1

全量が完成したら天板に約4cm間隔で並べなおし、刷毛に牛乳を含ませ
て表面に軽く塗ります。オーブンに入れ、キツネ色になるまで22〜24分
焼きます。天板ごと金網にのせ、少しだけ冷まして温かい状態で出すか、
しっかり冷まして室温で出します。

コーニッシュパスティ（Cornish Pasties）

　パスティほど地域に根ざした歴史をもつ食べ物は少ないでしょう。中世からあった挽肉のパイなのですが、16世紀のコーンウォール地方では、錫鉱夫のための簡素な食事として広がりました。仕事場へ持っていくのも簡単ですし（具材はたいてい高い肉ではなく野菜でした）、まだ温かいものを坑内で、それも道具を使うことなく食べられたからです。冷えてしまったものもシャベルにのせて火にかざせば、温めなおすことができました。そのベーシックなレシピはエドワード朝まで受け継がれ、アフタヌーンティーのお供としての魅力が再発見されたことで、階級を超えて（大きさと、フィリングや生地の優雅さこそ異なっていましたが）広く楽しまれる一品となりました。

（材料）
●ペイストリー用

小麦粉 (中力粉) …… 560g ＋打ち粉用

塩 ……………………… 小さじ 1 と ¼

スエット（ケンネ脂）、または固形植物性
　ショートニングか有塩バター ……210g
　　　　　　　　　　　（細切りか角切りにする）

冷水 …………………………… 270ml

（12 個分）

（作り方）

ペイストリー生地を作ります。小麦粉、塩、スエットを大きなボウルに合わせ、指先ですり合わせて粗いそぼろ状にします。ペイストリーブレンダーかフォークで混ぜながら水を少しずつ加え、ボール状にひとまとめにします。生地を2分割したら、それぞれを円盤状に整えてからラップに包み、冷蔵庫に入れておきます。

フィリングを作ります。りんご、豚肩肉、ベーコン、ウースターシャーソース、セージをボウルに合わせ、よく混ぜてから塩コショウを加えます。

オーブンを190℃に予熱し、天板にクッキングシートを敷いておきます。

たっぷり打ち粉をした作業台に生地を1つのせ、厚さ3mmほどに伸ばします。直径15cmくらいの皿を当てて、皮を6枚切り出します（必要に応じて切れ端を集めてまとめ、6枚揃えてください）。フィリングの半量をさらに6等分し、皮の片側にのせます。端から12mmはあけておいてください。指先でふちに水を塗ってから、二つ折りにしてフィリングを包みます。ふちをつまんで閉じたら、フォークか指でふちに波形をつけます。上になる側をフォークで何度か刺して空気穴を作り、準備しておいた天板に十分な間隔をあけて並べます。残りの生地とフィリングでも同様に6つ用意します。

（材料）

●フィリング用

グラニースミスや、コックスオレンジ
　ピピンなどのりんご ……………… 小2個
　（皮をむいて半分に切り、芯を取って
　　　　　　　　　　　　12mm角に切る）

骨なし豚肩肉 ……………………… 200g
　（余分な脂を取って12mm角に切る）

ベーコン …………… 115g（細かく刻む）

ウースターシャーソース ……… 大さじ1

ドライセージ ………………… 小さじ1
　（生セージを刻んだものなら大さじ1）

塩と黒コショウ

オーブンに入れ、上面がうっすらキツネ色になるまで20分ほど焼きます。中心に刺した温度計が75℃を示せば焼きあがりです。温かいままか、もしくは室温まで冷ましてからいただきます。

ロバート：期待というものは常に裏切られるな。
お茶にしよう。

　　　　〜シーズン3・エピソード8

ティーサンドイッチ（Tea Sandwiches）

　1時にランチ、8時にディナーとなると、食間に軽いものをお行儀良くつまめるアフタヌーンティーは大正解。小さくて上品なフィンガーサンドイッチは、午後遅くの空腹をなだめるのに欠かせない存在でした。サンドイッチに使うのは、耳を落とした薄いパンというのが昔からの決まりです。具材としてはバターやマヨネーズ、クリームチーズに、ごく薄切りにした野菜を合わせるほか、チェダーチーズにピクルス、ハム、イングリッシュマスタード（マイルドな辛みの明るい黄色をしたイギリスの辛子で「Colman's〈コールマンズ〉」のものが代表）といった風味に富んだ組み合わせも一般的でしたが、そうした定番以外にも、さまざまなサンドイッチが作られていました。

●きゅうりのティーサンドイッチ

（材料）

英国温室型きゅうり（棘が小さく果肉の
　　やわらかい大型きゅうり）………… ¾ 本
塩
良質な白パン
　　（パン・ド・ミなど）……… 薄切り8枚
無塩バター（室温に戻す）
白コショウ

（4〜6人分）

（作り方）

きゅうりをできるだけ薄くスライスしたら、シンクに置いた水切りボウル、またはボウルにのせたザルに入れ、軽く塩をして20分置きます。塩気が強すぎないか味見をし、強すぎる場合は水道水でさっと洗います。作業台にキッチンペーパーを何枚か敷き、きゅうりを重ならないように並べたら、軽く押さえて水気を取ります。

作業台に白パンを並べ、すべてにバターをたっぷり塗ります。うち4枚に端を少しずつ重ねながらきゅうりをのせたら、白コショウをふり、残りの4枚のパンをバターの面を下にして重ねます。

パン切り包丁を使い、耳を落としてから細長く切るか、三角形にするか、あるいは十字に切って正方形にします。

ティーマナー

　今では三角形がおしゃれと見なされていますが、エドワード朝のころのサンドイッチは長方形が普通でした。いずれにしても耳は必ず落とすこと。その上で好きな形に切り、きれいに盛りましょう。

●デビルドエッグ＆クレソンの
　ティーサンドイッチ

（材料）

卵 ……………………………………… 4 個

無塩バター ………… 60g（室温に戻す）

マヨネーズ …………………………… 60ml

生パセリのみじん切り ………… 小さじ 1

生ディルのみじん切り ………… 小さじ ½

レモンの皮のすりおろし ……… 小さじ ⅛

塩と黒コショウ

パプリカパウダー

良質な白パン

　（パン・ド・ミなど）………… 薄切り 8 枚

クレソン ……………………………… 15g

（4 〜 6 人分）

（作り方）

厚手の片手鍋に卵と水を入れ、強火にかけます。水面が卵の2.5〜5cm
上になるようにしてください。沸騰したら火からおろし、蓋をして15分置
いておきます。冷水のボウルに移してさらに15分置き、加熱を止めます。

卵の殻をむき、きれいなボウルに入れてフォークで潰したら、バター、マヨ
ネーズ、パセリ、ディル、レモンの皮のすりおろしを加えてよく混ぜ、塩、
黒コショウ、パプリカパウダーで味を調えます。

作業台にパンを並べ、うち4枚に卵を等量ずつ塗り広げます。クレソンを
のせ、残り4枚のパンを重ねてから、ぎゅっと押さえます。

パン切り包丁を使い、耳を落としてから細長く切るか、三角形にするか、
あるいは十字に切って正方形にします。

●スモークサーモン＆ディルの
　ティーサンドイッチ

（材料）

クリームチーズ ……… 225g（室温に戻す）

生ディルのみじん切り ………… 大さじ 2

レモン果汁 …………………………… ½ 個分

塩と黒コショウ

どっしりした全粒粉パン ……… 薄切り 8 枚

スモークサーモンの薄切り ……… 225g

（4 〜 6 人分）

（作り方）

クリームチーズとディルを小さなボウルに入れ、フォークでよく混ぜ合わ
せてから、レモン果汁、塩、黒コショウで味を調えます。

作業台にパンを並べ、クリームチーズを等量ずつ塗り広げます。うち4枚
にサーモンをきれいに並べたら、残り4枚のパンをクリームチーズの面を
下にして重ねます。

パン切り包丁を使い、耳を落としてから細長く切るか、三角形にするか、
あるいは十字に切って正方形にします。

●ローストビーフ&チャイブの
　ティーサンドイッチ

（材料）

良質な白パン
　（パン・ド・ミなど）………**薄切り8枚**

クリーム状のホースラディッシュスプレッド

ローストビーフの薄切り…………**8枚**

生チャイブのみじん切り………**大さじ2**

塩と黒コショウ

バターレタス（肉厚でやわらかく、
　結球のゆるいレタス）………………**4枚**

（4〜6人分）

（作り方）

作業台にパンを並べ、ホースラディッシュを薄く塗ります。うち4枚にローストビーフとチャイブを等量ずつのせ、塩と黒コショウをふってからレタスをのせます。最後に残り4枚のパンを重ねたら、ぎゅっと押さえます。

パン切り包丁を使い、耳を落としてから細長く切るか、三角形にするか、あるいは十字に切って正方形にします。

ジャム
スプレッド

クロテッドクリームもどき（Mock Clotted Cream）

　イギリスの由緒正しい「クリームティー」という習慣には、スコーンとジャムに加え、スコーンの古くからのパートナーであるクロテッドクリームが欠かせません。濃厚で、ほのかにナッツのような風味がするクリームで、デヴォン地方とコーンウォール地方で製造されていることから、それぞれデヴォンシャークリーム、コーニッシュクリームとも呼ばれます。低温殺菌されていない牛乳を加熱すると、表面に濃いクリームの層ができます。それを冷めてからすくい取ればできあがり。ほかの材料では決して出せない独特の味わいと舌触りがあるのですが、もしも代用するなら、ここで紹介するクリームをお試しください。マスカルポーネと生クリームを使ったまがいものなのに、なかなか見事な味なのです。

（材料）
高脂肪の生クリーム ………… 120ml
マスカルポーネチーズ ………… 225g
　　　　　　　　　　　（室温に戻す）
粉砂糖 …… 大さじ1（お好みで増減する）

（およそ250g分）

（作り方）
　ボウルに生クリームを入れ、中高速のハンドミキサーでゆるくツノが立つまで泡立てます。中速に落とし、マスカルポーネと粉砂糖を混ぜ込んだら、味見をして必要に応じて粉砂糖を足します。できあがったクリームは、すぐにいただきましょう。

ティーマナー

　「クリームティー」の発祥の地はどちらなのか、コーンウォールもデヴォンも一歩も譲りません。クロテッドクリームとジャムをスコーンに添え、紅茶とともにいただくのですが、ジャムとクリームの順序がそれぞれの地域のこだわり。クリームが先、ジャムはその上という伝統を守るデヴォンシャーに対し、コーンウォールではジャムが先で、その上にクリームを重ねるのです。ほかの皆さんは、どちらでもお好きな順番でどうぞ。

索　引

バイオレット：それならもう何も言うことは
ないわ。お茶にするんじゃなかったの？

〜シーズン1・エピソード3

■ 日本語版スタッフ

翻　　訳：上川典子（うえかわ）
翻訳協力：株式会社トランネット
（https://www.trannet.co.jp）
編集協力：久世高明
監　　修：村上リコ
監修協力：赤坂パトリシア
企　　画：谷村康弘（ホビージャパン）
編集統括：森　基子（ホビージャパン）

本書の刊行にお力添えくださった以下の皆さまに感謝を申しあげます。

ジュリアン・フェローズ、リズワン・アルヴィ、リサ・アトウッド、アントワネット・カルドーサ、マニュエル・カルドーサ、アビゲイル・ドッジ、ミミ・フロインド、アニー・グレイ、シャーロット・アヴェランジュ、レイチェル・マーコウィッツ、エリザベス・パーソン、ニコ・シャーマン、シャロン・シルヴァ、ジョシュ・サイモンズ

CARNIVAL FILMS社
ギャレス・ニーム、アリブー・ブラッドベリー、シャーロット・フェイ、ニオン・ヘイゼル
PETERS FRASER AND DUNLOP社
アナベル・メルロ、ローラ・マクニール

＜公式＞　ダウントン・アビー　アフタヌーンティーレシピ

2021年 2月17日　初版発行

翻　　訳　上川典子
監　　修　村上リコ
発 行 人　松下大介
発 行 所　株式会社ホビージャパン
〒151-0053　東京都渋谷区代々木2-15-8　電話 03-5354-7403（編集）　電話 03-5304-9112（営業）

乱丁・落丁（本のページの順序の間違いや抜け落ち）は購入された店舗名を明記して当社出版営業課までお送りください。送料は当社負担でお取り替えいたします。但し、古書店で購入したものについてはお取り替え出来ません。代行業者などの第三者に依頼して本書をスキャンすることは、たとえ個人や家庭内の利用であっても、著作権法上、認められておりません。
禁無断転載・複製
Printed in CHINA　　ISBN978-4-7986-2366-5 C0076